純理自由主義者 河合栄治郎

改革者の使命と実践

清滝仁志

啓文社書房

純理自由主義者　河合栄治郎

改革者の使命と実践

問題の素描

現在、一般社会においても、研究においても河合栄治郎（一八九一－一九四四）がとりあげられる機会は少なくなった。生誕一二〇年を過ぎ、忘れられた思想家となりつつある。この原因はいくつか考えられるが、最大の理由は知的影響を受けた世代が社会の第一線から退いたことであろう。逆にいえば、『河合栄治郎全集』（一九六七－七〇年）の出版をはじめ、河合の思想の紹介は、こうした世代によって担われてきた。

河合栄治郎について、今まで三つの観点から評価がおこなわれてきた。第一に戦闘的自由主義者としての活動に対しての賞賛である。五・一五事件、天皇機関説事件、そして二・二六事件を自由主義の観点から公的に批判した唯一と言ってよい人物であった。言論活動によって大学を追われ、裁判で有罪となり、終戦を待たずして、猛烈な勉強の最中に亡くなった。その生き方に、戦中戦後、多くの関心が集まった。政府相手に敢然と闘った言論活動を、単なる自由主義でなく、戦闘的自由主義と呼ぶのは当を得たものであろう。

しかしこの観点からの評価は、反権力的態度を強調するゆえに、逆に河合の権力批判が不徹底であったとの批判にもつながった。たとえば、同時期の矢内原忠雄や石橋湛山がより踏み込んで当時の植民地政策を批判したのに対し、河合には満州事変以後の膨張政策に対して宥和的と見られかねない発言もあった。戦前の日本を全否定する立場からみると既存体制と妥協しているとみられた[1]。

河合に対する第二の評価は、民主社会主義の立場からなされた。イギリス労働党に早くから注目した河合は、議会政に依拠した社会主義政党の発展に期待した。今でも社会主義＝マルクス主義との認識が支配的な日本において戦前に非マルクス主義的社会主義を提唱した。一九三六年の総選挙における社会大衆党の躍進を賞賛し、数日後、二・二六事件を起こしたことが軍部批判に火をつけた。河合は自由主義を基礎におきながらも、自ら社会主義者と公言していた。

河合の社会主義への関心は、演習生によって引き継がれ、戦後の社会思想研究会の設立につながった。この研究会は、綱領で「人間性の尊重」、「個人人格の完成こそは最高の価値である」と河合思想の継承をうたっていた[2]。自身、労働運動との関わりはほとんどなかったが、社会思想研究会は、反マルクス主義の労働運動と連携して発展した。そして中心メンバーは民主社会党（後の民社党）の結成に協力した。民主社会党の綱領作成は、演習生の関嘉彦が中心となり、河合の理想が現実の政党という形で実現したともいえる。

しかし、高度経済成長を経た日本社会において、河合の社会主義は人々に直接訴えかけるのに時代状況が変わりすぎた。社会主義がマルクス主義と同一視される中で、精神性を評価されても、具体的政策として積極的にとりあげられることはなかった。民主社会主義も福祉国家化の進展で、思想の独自性が埋没した。そしてソ連邦の崩壊によって社会主義という言葉は日本で使われなくなっていった。

第三の視点として挙げられるのは、『学生叢書』における教養主義者としての評価である。戦前戦後を通じた学生文化に河合の教養論は影響を与えた。政財官の各分野で日本社会を支えるエリートで感化を受けた者は少なくない。教養主義のもつ内向的な印象とは対照的に、その教養論は多くの行動的実務家にも影響を及ぼした。[3] 学歴エリートの矜持の背景に教養があった。『河合栄治郎全集』は、社会思想研究会が編纂したが、刊行が実現したのは、教養主義者としての河合に共鳴した実務家の人々の支援があったからである。

しかし、その教養論は、高等教育が大衆化し、知の変質とともに注目されなくなった。一九六〇年代後半の大学をとりまく変化によって、教養主義に共感を抱いた学園生活が過去のものとなった。西欧古典を読むことによって教養を深め、人格を完成させるという価値観が通じがたくなったのである。河合が必読文献として挙げた白樺派の作品、阿部次郎などの大正教養主義の哲学・倫理学の書物は忘れ去られた。教養や古典の重要性は今も間欠的に訴えられているが、その内容の共通理解もなくなっている。

それでは何をもって河合栄治郎に注目するのか。歴史的人物としての研究は、同世代で戦後も健在であった矢内原忠雄、大内兵衛、南原繁に比べて早かった。彼の場合、本人が認めないであろう偶像破壊的伝記（江上照彦『河合栄治郎伝』）が一九七〇年に出され、その人となりや業績を客観的に知ることができた。松井慎一郎の『河合栄治郎　戦闘的自由主義者の真実』（二〇〇九年）は直接面識のない研究者が歴史的存在の河合を描いた本格的伝記である。豊富な一次資料をもとに生涯を詳細に解明した評伝の決定版といえる。[4] また二〇一七年には国際問題に通暁するジャーナリストの湯浅博による伝記『全体主義と闘った男　河合栄治郎』が出た。新聞連載されたもので一般読者にも生涯がわかりやすく描かれている。このように、この思想家の伝記的事実の解明はかなり進んでいる。

河合栄治郎を研究対象にするならば、やはりその自由主義に注目すべきであろう。しかし客観的な政治哲学としては難がある。画期的理論を打ち立てたわけでない。京都学派の哲学者による理論が今もなお研究対象となっているのと異なる。理論家としてその思想そのものを解析するのは問題が多い。松井は伝記的研究によって戦闘的自由主義者といわれた活動的思想家の人間像を明らかにし、自由主義的主張の動機や意図を解明した。本書は、こうした内在的理解の成果を踏まえながら、河合の政治的主張における表現と論理に着目し、同時代における思想の中での位置を明確にする。そこでは湯浅のジャーナリストとしての視点が参考になる。一九三〇年代における二つの全体主義―マルクス主義とファシズム―と闘った思想家として河合に光を当てた。「文明社会は反対意見を認めながら、いかに共存していくべきかという思考力が重要になる」との認識のもとに「言論の自由を守り抜く強靭な精神」と「公共のモラリティ」を体現した人物として描いた。[5] その言論活動の背後に自由主義思想が存在し、二つの全体主義はそれと相いれないイデオロギーであった。湯浅は純粋な思想家としての河合でなく、公共的知識人としての言論とその同時代的位置に着目した。本書は改めて政治思想史研究として、河合栄治郎の自由主義に焦点を当て、思想の展開過程とともに当時の知的文脈との関連を明らかにしていくのである。自由主義者と自任し、自己の思想体系を意識していた彼が極端なイデオロギーの時代にどのような言説を展開したかを検証し、実践的原理としての自由主義の実態を把握するのである。

では、なぜ戦前の自由主義をわざわざ論じる必要があるのか。単なる懐古趣味ではないかとの指摘もあろう。実は河合を取り上げることは現在における自由主義の状況と密接に関連する。国際ジャーナリストの湯浅がこの人物に注目したのも最近の国際社会における価値観の変化と連動しているのである。

英誌エコノミストは二〇一八年に創刊一七五年を迎えるにあたり、自誌の知的基盤としての自由主義思想の検証を数回にわたり特集した。[6] 二〇一七年以降、欧米では自由主義の危機を論じる著作や論文が目立っている。[7] 先進国内における議会民主政の混乱や中国・ロシアなどの権威主義国家による国際秩序の動揺が背景にある。

二〇〇〇年代まではグローバル化とともに自由民主主義体制の世界的拡大が当然視された。自由や人権、宗教的寛容などの自由主義的価値が普遍性をもって受け入れられると想定された。共産主義の中国も自由市場体制に組み込めば、経済発展とともに民主化が進展すると期待された。楽観的観測は二〇一一〜一二年の「アラブの春」の頃まで存在した。欧米諸国は中東の民主化運動を支援し、権威主義体制が相次いで崩壊した。

現在、その流れは後退した。中東の民主化は無秩序に陥り、EU諸国は難民流入で自国の政治体制が混乱した。そしてロシア、トルコ、中国などの大国が権威主義を強めた。とくに中国の世界的拡大は目立つ。グローバル化は中国の経済発展を促したものの、強権化や対外的膨張につながった。中国は自由民主主義を受け入れるどころか、「特色ある社会主義」が途上国をはじめとする世界のモデルであると自負し、人類の問題の解決に自国の叡智を提供するとし、グローバル化と自由貿易を牽引することを宣言した。権威主義と経済発展の組み合わせは西欧型の自由民主主義に代わる体制モデルとして提示された。「力のある社会は普遍主義をとる」というS・ハンチントンの言葉が現実のものとなった。[8]

自由民主主義体制の動揺は欧米のポピュリズム現象に見られるように社会分断とともに起きた。民主政を支えてきた国民の少なからぬ部分がグローバル化によって社会的・経済的地位の低下を感じ、既存体制に不満を抱いた。自由主義はグローバル・エリートのイデオロギーとさえ見られている。先進国の混乱に乗じ、権威主義国家が影響力を強め、国際秩序の不安定化につながった。欧米において既存体制の存続に危機感が抱かれ、それを支えた自由主義原理が検証されるのは当然のことであり、思想と実践との関係にあって望ましい知的態度である。

欧米に比べると、日本において自由主義の危機はあまり論じられない。同質性が高い多くの人口を擁する経済大国であり、移民もほとんどなく、国民がグローバル化の深刻な影響を直接感じることは少ない。国内の社会分裂に悩む欧米と対照的である。そもそも日本において自由主義が原理として意識されていない。

それはリベラルという言葉が西欧の使用法とかけ離れていることに表れている。本来は個人主義を基本にした自由や人権の尊重が基本にある。多様性や多文化主義、世俗化（脱宗教化）はリベラルの主張である。ヨーロッパでは市場経済を重視し、アメリカでは公的介入による社会的平等を唱える。他方、日本でのリベラルは原理が希薄である。柔軟で開放された知的態度一般を漠然と指し、左翼も含まれ、意味不明のイメージにすぎない。

日本は西欧と同様の自由民主主義体制を採るが、確固たる知的基盤として自由主義思想が存在するわけでなかった。明治以降、アジア諸国にさきがけて立憲国家を樹立し、近代化を果たし、普通選挙の実現・政党政治など民主化も進展してきたが、自由主義は定着しなかった。戦後もリベラルの用法にみられるように原理としての自由主義は希薄であった。

河合はこのような日本の知的状況の中で真摯な自由主義者といえる存在であった。自由主義者と呼ばれる論者は多いが、一貫した自由主義原理よりも柔軟で開かれた知的態度が重視された。〝ものわかりのよさ〟が尊重されるのである。さらに潜在的性格の思想である自由主義の場合、研究者自身の主張を過去の思想家に仮託することが起こりがちである。リベラルという言葉と同様に、自由主義者も多種多様でつかみにくいものとなっている。これに対し、河合の自由主義は明確であった。自己の思想体系について法廷を含むいろいろな場で明確に披瀝していた。自由主義を思想体系として自己の思考・行動原理に反映させ、政治的・社会的発言をおこなってきた。冒頭に掲げた河合の三つの注目点はすべてこの思想に収斂する。

こうした原理的思想家としての河合を認めたのが、二〇一八年に亡くなった西部邁であった。彼は保守主義者を自称し、自身の原理にこだわった政治・社会評論を展開した。人間の完成可能性や理性に懐疑的であり、河合の自由主義とは反対の立場である。独りよがりとか、文章にユーモアがなく硬直していると河合を否定的に論じているが、自由主義原理を徹底させた思想家として認めていた。裁判で自己の思想体系を細部にわたるまで整然と論理的に説明でき、自己の言説や実践が反発したくなるほど一貫した、日本に珍しい正真正銘の自由「主義者」と評していた。[9]〝ものわかりのよさ〟どころか、状況や利害に構わず、自己の信念を強烈に主張する〝ものわかりの悪さ〟が身上の思想家であった。河合の生きた時代の日本は、近代化・民主化が進んだが、政治的権威主義を清算するどころか軍国主義化し、破滅的戦争に突入した。西欧的国家の嚮導原理となるはずの自由主義思想を最後まで知的・実践的に追求したのは河合であった。

　思想家としての河合は後発国型である。欧米の諸著作をもとに学問的業績を挙げ、その知見にもとづいて日本の具体的現実を解釈し、評論した。そこには理想としての先進国と未完成の日本を比べる視点があった。社会正義という動機から、当時の欧米で主流であった自由主義を普遍的原理として受け入れたコスモポリタンであった。その真骨頂は模範とした欧米の自由主義が後退しても、後進的な日本は進歩の方向にあると信じ、自己の自由主義体系を構築・提示することで社会改革が可能と信じ続けた。戦時の絶望的な状況でも同様であった。政治的権威主義が根強い国家で、果たして西欧的自由主義が定着するのか、西欧の人権と自由概念が普遍的に適用できるのか、と彼が投げかけた問いは、現在でも後発国の近代化と自由主義の関係を考えるにあたって有効である。

河合は西欧的知識を客観的対象として学問的にとらえることを超えて、自己の生き方にまで連続させた。教師として、西欧由来の学問を講じただけでなく、学生がそれを自らのものとして受容するための基礎的教養や人生への態度にまで配慮した。戦後、民主社会主義運動を担った行政学者の蠟山政道は、彼の体系的思考を次のように評した。

> 河合さんは自己の全人格を傾倒して我々の人生的な問題つまり日常の問題において見出される、併し容易に学問的にこれを取り扱うことのできないような親愛の問題、友情の問題、教養の問題というようなところを学問的に哲学的に検討されたのであります。そこにしっかりとした根を下ろして、更にそれを全学問的体系にまでこれを導入し、体系化されようとした[10]。

自由主義は政治にとどまらず、人間としての生き方を律する全人格的原理であった。

河合の思想を検討する際、留意しなければならないのは、くれぐれも抽象的に捨象しないことである。その思想体系は哲学の観点から不完全な点も多かった。西欧思想の祖述に過ぎない部分もあった。同時代の思想状況を踏まえ、その中での彼の問題関心、実践活動との関係に注目することで自由主義的公共知識人として評価できる。河合の自由主義の基本は明確である。多元的・民主的社会での自由な言論を追究し、逆境にありながら明るさをもった言論を貫いたように社会の進歩を信じ、個人の尊厳を訴えたことである。社会分裂の中でエリートのイデオロギーとして攻撃された点を含め、現在、欧米で論じられる自由主義に通じる。

本書は、一人の人間である河合がどのように時代を認識し、それを思想体系に反映させ、実践と結びつけようとしたかということの探求である。それは彼の生きた思想空間との関係の解明なくして理解できない。そしてこの人物の思索活動の基本に社会問題への関心があることを踏まえ、その問題を中心軸としながら彼の自由主義思想を明らかにするのである。

社会思想研究会編『河合栄治郎全集』全二三巻（社会思想社、一九六七年 - 七〇年）からの引用は本文中にて巻数と頁を示している。なお、この全集は現代仮名遣いの改訂がなされている。

〈註〉

1 たとえば、出原は河合の日中戦争観について現実追随的とし、「自国本位的、ご都合主義的見解」「中国の権利が日本によって侵害されたかどうかという視点を簡単に放棄してしまっている」とし「大きな問題をはらんでいる」という。出原政雄「戦争と知識人―満州事変以後の反戦平和論」、西田毅編著『概説　日本政治思想史』（ミネルヴァ書房、二〇〇九年）二八三頁。同様の主張として次の二文献がある。大杉一雄『日中十五年戦争史』（中公新書、一九九六年）、岩本典隆『近代日本のリベラリズム―河合栄治郎と永井柳太郎の理念をめぐって―』（文理閣、一九九六年）

2　社会思想研究会編『社会思想研究会の歩み』（社会思想社、一九六二年）一五頁。

3　たとえば、城山三郎の小説『官僚たちの夏』のモデルであり、活動的人物との印象が強い佐橋滋（通商産業省元事務次官）は「大学の講義でいちばん興味をもち、かつ役にたった」のは河合栄治郎の時間という。佐橋滋『異色官僚』（徳間書店、一九八七年）四五頁。また戦後、自由民主党で防衛庁長官、農相を務めた西村直己は大学院在籍時、河合に高等文官試験受験を勧められ、内務省に入ったという。寺山義雄『戦後歴代農相論』（富民協会、一九七〇年）三七〇頁。

4　河合の伝記は、松井慎一郎『河合栄治郎　戦闘的自由主義者の真実』（中公新書、二〇〇九年）、湯浅博『全体主義と闘った男　河合栄治郎』（産経新聞出版、二〇一七年）、江上照彦『河合栄治郎伝』（社会思想社、一九七〇年）の他に次のものがある。木村健康「河合栄治郎の生涯と思想」、社会思想研究会編『河合栄治郎伝記と追想』（社会思想社、一九四八年）所収、土方和雄「河合栄治郎　社会民主主義の苦悩」、朝日ジャーナル編『日本の思想家（下）』（朝日新聞社、一九七五年）所収、粕谷一希『河合栄治郎　闘う自由主義者とその系譜』（日本経済新聞社、一九八三年）、山下重一「河合栄治郎―戦闘的自由主義者」、小松茂夫・田中浩編『日本の国家思想（下）』（青木書店、一九八〇年）所収、遠藤欣之助『評伝　河合栄治郎　不撓不屈の思想家』（毎日ワンズ、二〇〇四年）、松井慎一郎『戦闘的自由主義者・河合栄治郎』（社会思想社、二〇〇一年）、『評伝河合栄治郎―戦闘的自由主義者

の生涯』（玉川大学出版部、二〇〇四年）

5 湯浅『全体主義と闘った男』三－四頁。

6 Philosophy brief Liberal Thinkers, *The Economist*, from on Aug 4th to Sept 8th 2018; A Manifest for renewing liberalism, *The Economist*, on Sept 15th in 2018.

7 E. Luce, *The Retreat of Western Liberalism* (London, 2017), Y. Mounk, *The People vs. democracy: Why our freedom is in danger and how to save it* (Harvard U.P., 2018), P. Deneen, *Why Liberalism Failed* (Yale U.P., 2018), Some thoughts on the crisis of liberalism—and how to fix it in *The Economist*, Jun 12th 2018.

8 ハンチントン『文明の衝突　上』（集英社文庫、二〇一七年）一八七頁。

9 西部邁『思想史の相貌—近代日本の思想家たち』（世界文化社、一九九一年）八三頁。

10 蠟山政道「「教養論」と「友情論」」『社会思想研究』一九五四年五月号、一三頁。

純理自由主義者　河合栄治郎

目次

第一章

自由主義者・河合栄治郎の思想形成

1 社会政策と河合栄治郎

河合が活躍した時代は、日本をも含めて全世界において戦間期の政治・経済システムの変革期であった。政治においては、自由主義的議会政が危機に直面し、一般大衆の政治への参加と要求が噴出した。普通選挙の後、議会政治の担い手は、財産と教養がある名望家から、一般大衆に移り、社会不安に乗じて、反体制勢力が台頭した。

経済においては、ドイツのハイパーインフレにみられた不安定な戦後経済が一息ついた後、アメリカ発の大恐慌に見舞われ、資本主義崩壊の危機すら現実のものとして受け取られた。資本主義が最も発展したイギリスにおいても失業問題が深刻となり、社会不安が高まった。国際的にも各国の金本位制が崩壊し、列強によるブロック経済や高関税政策による貿易摩擦など、今までにない問題が生じていた。

そのような中で、一九三〇年以降、既存社会の根本的見直しの機運が高まり、自由主義的議会政に代わり、マルクス主義とファシズムという革命的イデオロギーが広がっていった。このイデオロギーは、自由主義的伝統の弱い国において、より強い影響力をもち、実際の社会改造圧力となっていた。

日本はこのような不安定な世界状況に翻弄されていた。第一次大戦後、後発資本主義国として、国際的地位を確立しようという矢先に政治的・経済的不安定の波に呑み込まれてしまった。自由主義的議会政への国民的信頼は、他の欧米諸国に比べて弱く、マルクス主義とファシズムの攻撃はより過酷であった。その結果、議会の自立性が失われたのみならず、市場経済は国家主導の統制経済へと移行していった。

河合栄治郎の知的活動を考えるうえで、戦間期の不安定状況という時代背景を抜きにすることはできない。三度の洋行という同時代の学者で稀有の経験をしていた。国際的比較に加え、先進国の歴史的変化も眺めることができた。思想を構築したのは、相対的に安定した時期であった。労働運動が激化しながらも自由主義的議会政に吸収できると期待されていた。英米の知的成果を存分に吸収して自己の思想体系を築きあげた。そして、この思想体系をもとにして、一九三〇年代の危機の時代に対峙した。注目したいのは、西欧の思想家も共通した状況にあったことである。危機にあってイギリスの知識人の間でマルクス主義の影響が強まり、自由主義者もその例外ではなかった。ラスキ、コール、ウェッブなど多くの知識人が左傾した。こうした中で河合が自由主義にこだわり続け、マルクス主義および国家主義イデオロギーと対抗したことを改めて注目すべきである。

そもそも河合が戦間期の時代変化に敏感であったのは、東京帝国大学経済学部において社会政策講座を担当したことに関係がある。現在、社会政策という言葉はほとんど使われないが、当時一般にもよく用いられ、資本主義の発展過程で生じた社会問題に対処するための方法として注目を集めていた。国家の積極的役割に期待し、その手段を検討する過程で、一九世紀型の自由主義的政治・経済体制の変革をも視野に入る。第二次世界大戦後出現した福祉国家の萌芽期において、社会政策はその方向づけを模索する学問であった。また革命理論であるマルクス主義とも直接対峙する使命もあった。

河合における社会政策は同時代の学者とかなり異なる独自の道をたどった。政策技術でなく、思想に基礎をおいた体系としての総合的な学問としてとらえた。社会政策の名のもとに国家、社会、個人のあり方を問うた。この発想は経済学の枠をはるかに超えていた。国家による経済配分の問題にとどめずに、自由主義という思想的根拠の上におき、個人における人格の成長という課題に応える学問と考えた。そこには総合的な思想体系をもつマルクス主義のイデオロギーへの対抗という面があった。

河合は学問において思想にこだわった。師の小野塚喜平次は日本における政治学の先駆者であったが、その実証主義に徹した学問に対しあきたらぬものを感じていた。「その何のゆえにデモクラシーや社会政策が主張さるべきやの終局論議が追窮された時に、彼は一介の実証主義者として答へられないに違いない」とし、「今の日本人に「自由」「平等」「正義」等の観念がいかに幼稚か顧みる時に、彼は一介の責を負ふべきでないか」とまで言っていた。[1] 思想は現実と無関係に並存するのではなく、相互関係にあるべきと考えた。人間観、社会観、国家観と個々の政策が連動し、影響するという発想のなかで、政策が位置づけられた。このような研究方法をとった場合、個別の政策分析において緻密性に欠ける傾向がある。事実、経済分析においては、あれほど批判したマルクス主義の方法に依拠せざるを得なかった。戦後、社会科学的発想が強くなった経済学において、その学問手法は採られなかった。しかし個別政策の精緻さを求めるあまり、政策相互を基礎づける人間観・社会観・国家観に目を向けなくなった現在においては、河合の方法論は再評価するに値する。たとえば、グローバル化とその混乱の中で自由主義が再検討されているが、個別政策の論議だけでは限界がある。河合のような総合的視野に立つ学問は今こそ重要であろう。

2　河合における道徳主義

研究者として河合は、本体論、認識論、人間観、道徳哲学、社会哲学、社会思想、政治思想から構成される理想主義体系の構築を試みた。社会政策はこの壮大な体系の一分野に属し、人格の成長のための国家政策を説く役割を担っていた。こうしてみると社会政策は周辺分野のように見えるが、彼には社会問題解決への関心が絶えずあった。最後まで心血を注いだ思想体系の構築作業は抽象的・衒学的なものでなく、社会改革という現実の問題がつねに念頭にあった。むしろ社会の課題が先にあって、次々に思想的課題に取り組んでいた。晩年、壮絶な哲学研究に挑んだのも、体系の基礎である分野の検討が最も遅れていると認識していたからである。

こうした河合の学問における特徴は、他の社会科学者と違って、道徳や倫理にこだわっていることである。講義や著作での表現は、緻密な論理よりも、端正な潔癖感や倫理観が目立っている。その思想体系は抽象的思索によって生まれたというよりも、自身の経験が土台となって組み立てられた。表現のところどころに主観がにじみ出る。思想の鍵となる人格の成長という概念をみても、哲学的説明が十分であるとはいいがたく、その強烈な人間性に触れることではじめて完全に理解できるものである。演習出身の猪木正道によれば、人格の成長とは何かという学生からの問いかけに対し、河合は次のように答えたという。

私がこの理想主義思想を編み出したのは、漫然と読書し、思索した結果ではない。昔私はある痛烈な体験を持った。その体験の内容は具体的にはいえないが、この体験によって私は打ちひしがれ、殆んど絶望に陥りかけた。その時私の中にこの絶望を克服したとき始めて私は本当に成長するのだという声が聞え、私は勇気を得てこの危機を乗り越えた。この絶望と絶望の超克という悲痛な体験が私の思想体系の出発点にある。この体験のない諸君には人格の成長はわからない筈だ。[2]

つまり人間としていかに生きるべきかを課題としながら社会改革のための理想主義体系を構築しようとした。文学や哲学を、人生の本質を見極める営みとみた白樺派の文人や大正教養主義者と同様の求道的精神が見て取れる。客観的事象を明らかにするのにまして人生の問いを投げかけるのである。

こうした河合の学問のもつ精神性の背景は何であろうか。それは青年期を過ごした一九一〇年前後の知的雰囲気と関係する。日露戦争後、エリート青年層の知的関心が近代国家建設から自己の内面的問題に移ってきた。河合が一九〇八年に入学した第一高等学校では、一九〇三年に藤村操が哲学的煩悶から華厳の滝に投身自殺をしたことに象徴されるように文学・哲学的思索の雰囲気が高まった。哲学的思索を通じて自己の内面を探求し、芸術や文学の教養によって人格の成長を図った。この大正教養主義を代表するのは哲学者の阿部次郎であった。『三太郎の日記』（一九一四年）は哲学青年の思索日記というべきもので、学生の代表的愛読書であった。阿部は人格の成長と発展を説いた。西欧由来の文化的所産に触れることで自己の完成をめざし、人格を陶冶することに人生の意義を見出すのである。旧制高等学校文化は西欧的コスモポリタンの世界を志向していた。

　この教養主義に対して、唐木順三は『現代史の試み』（一九四九年）においてその内面的逃避性を批判した。古人の書物を繙くことで真の内面的生活を充実させるという自己満足に疑念を呈し、ディレッタンティズムへの堕落を指摘した。[3] 確かに大正教養主義は内面に耽溺し、社会への関心を欠く面があった。しかし、昭和において教養主義を復活させた河合は社会改革の志向が強かった。この大正教養主義と昭和教養主義の相違の理由は何か。その間に過度な政治的実践性をもったマルクス主義の流行があったことは有力な理由であるが、河合自身の思想をみる限り、個人の教養と社会性は最初から結びついていた。もともと和漢の古典や徳富蘇峰の天下国家論議に親しんでいたが、これは近代的個人に立脚したものではない。決定的なのは、恩師であった校長の新渡戸稲造との関係にあった。

　新渡戸稲造は、河合の所属していた弁論部に自由主義、国際主義、人道主義をもたらした。先輩の鶴見祐輔、前田多門は、バンカラ文化や国家主義を奉じる運動部による校長排斥に際し、新渡戸を支持した。[4] 演説という言葉は福澤諭吉が作り出し、弁論は私学が先んじていたが、一高の弁論部は人間形成と教養に重きを置いていた。早稲田大学の雄弁会が大隈重信、永井柳太郎、島田三郎などの政治家を模範とし、弁説の巧みさを競ったのと違っていた。練習会は人生の問題を語り合うことに主眼を置いていた。弁論の模範も内村鑑三、海老名弾正、植村正久の宗教家が含まれていた。弁論部は思想形成の修行の場であり、人脈構築の場でもあった。この部において河合は雄弁家として知られた。演説「夕の鐘の音」は『学生雄弁集』に収録された。ミレーの名画「晩鐘」を題材に学生の社会貢献の使命を訴えた格調高い演説である。[5] 彼が培った知的雄弁は大学の講義や講演会で発揮され、著作に劣らぬ影響をもった。

新渡戸はあるべき自己を説き、敬虔なクウェーカー教徒であったが、学生に社交を説き、公職を遍歴した活動的人物でもあった。倫理的潔癖性を問いながらも、社会人として現実社会との調和を説き、大衆雑誌にさえ平易な人生論を寄稿した。内面性をより重視した文学・哲学青年には、世間を配慮する新渡戸が俗物に見えた。唐木が典型とした教養主義者と新渡戸とは距離があった。河合は新渡戸の浅薄とされる欠点も熟知していたが、個人の自己完成にとどまらず、積極的に社会改革に目を向け、コスモポリタンとして活躍した姿を評価していた。河合が学生に人格の完成を説き、立身出世主義や国家主義を批判したのは新渡戸の教えに沿っていた。

河合は内村鑑三とも接触があった。一高の最終学年（一九一一年）から大学の最終学年（一九一四年）までの間、読書会の柏会に参加した。[6] 内村門下は、経済学部での同僚教授である矢内原忠雄や法学部教授の南原繁など著名な学者を輩出した。青年時代の河合は、高い理想を求めて内村に接近したのであろうが、信仰をもったわけでなかった。カリスマ的指導に最初は感銘を受けたが、理性を超えた啓示的宗教に違和感をもった。指導者の主観が強く表れているならばなおさらである。

河合と宗教との関係について、社会思想研究会の伊原吉之助は「断片でなく全体を通読すれば、河合栄治郎が全くといっていいほど宗教に無縁な人間であったことが直ちに明らかになる」と言い切る。[7] 木村健康は、河合にとって神とは「道徳的努力の理想そのもの」とし、「人間を道徳的努力に激励し鞭うつもの」であり、「救済の神ではなかった」と説明する。[8]

河合が内面的な教養主義にとどまらず、社会改革に目を向けたのは、キリスト教のもつ道徳性や利他的奉仕の教えに触れたからであろう。一九一〇年前後、日本の資本主義が発展し、工業化、都市化によって多くの労働者が現れ、彼らの悲惨な就労条件と生活境遇が社会の関心を集めつつあった。エリート予備軍の学生が国家的発展とは裏腹の社会問題に関心を寄せたことは不思議ではない。個人を意識し、西欧思想に触れた若者にとって在来宗教や倫理には満足できず、キリスト教が説く普遍主義、共同体的連帯は魅力的であった。

河合の青年期には教養主義とともにキリスト教に関心がもたれていた。信仰そのものよりもコスモポリタニズムや個人道徳、利他的精神が注目されていた。正統派から異端視されたユニテリアン的キリスト教徒が社会的影響力をもっていた。[9] 海老名弾正が主宰する本郷教会は書生の教会と言われた。彼の下で吉野作造、今中次麿、中島重といったクリスチャン政治学者が生み出されていった。鈴木文治は、初の労働組合である友愛会を一九一二年にユニテリアン教会（統一基督教会）の土地に設立した。さらに安部磯雄、内ヶ崎作三郎といった社会改革に熱心な政治家も輩出した。新渡戸のクウェーカーも同様の合理性と社会性をもっていた。こうした道徳的キリスト教は、コスモポリタン的個人主義に立ち、汎神的な最高存在を心に抱き、人生における道徳的使命を意識する点で、大正教養主義と重なる部分があった。河合は救世軍の山室軍平と交流があり、イギリスでクウェーカーの夏季セミナーに参加するなど、実践的教派に親しみをもっていた。彼が内面的充実を求める教養主義にとどまらなかったのは、社会改革的キリスト教がもたらした精神的雰囲気に親しんでいたからでないだろうか。

河合には社会改革的キリスト教徒の模範が存在した。宗教改革者ルターの生き方に共鳴し、マコーレー、カーライル、コブデン、ブライトのような一九世紀イギリスにおける社会改革者の著作に慣れ親しみ、社会問題を普遍的道徳から考える下地があった。彼らのキリスト教は伝統的な国教会と距離を置き、個人の道徳的実践を重んじ、時代の改革精神を先導した。後の研究対象になったグリーンも同様であった。資本主義の矛盾を弾劾する改革原理としてのキリスト教は知的関心と重なっていた。
一高、大学の経験を通じ、自分の将来の歩むべき道は、社会問題の解決にあると確信していた。東京帝大卒業後、農商務省に入ったのも倫理的動機からであった。この事情を次のように語っていた。

自分は学生時代から労働問題に興味を持って、数年前学窓を出づるや、直ちに農商務省に入って此の問題に関係して来た。自分が学校を出た時は丁度工場法が実施せられると云う時で、私の興味は此の法律に引き付けられたのである。…自分が此の仕事を目指して本省へ入ろうとした時なども、友人の二、三氏は暗い所へ入って行く様に感ぜられるからと云って私を止めたくらいであった（『労働問題研究』⑩一九一二）。

国家官僚となったのは、国家権力の強い国で改革を実行するには官憲の努力によると考えたからであった。「暗い所に入って行く」といっても帝大卒業者がいきなり社会運動家となるのは、信仰的確信をもった者さえ困難であった。労働者の地位向上を自己の使命とした鈴木文治もまず秀英舎（現在の大日本印刷）や朝日新聞に入った。安部磯雄や河上丈太郎は教職に就いた。河合の選んだ道は社会改革をめざす上で現実的であった。

3　『労働問題研究』における社会政策

（1）労働問題に対する思想的関心

河合は農商務省において希望通り労働行政の部署に配属され、四年間の短い官僚生活であったが、アメリカに派遣され、労働立法を策定した。東大には官庁や企業からの転身者はいたが、彼のように洋行し重要な任務を任された者はいなかった。

『労働問題研究』（一九二〇年刊行）はこの集大成であった。立法準備のため、労働問題を研究し、講演や論文で発表したものを収録していた。在米調査研究の知見を踏まえ、最新知識を提供していた。この著作について「多忙なる官僚生活の巷に在って、一介の行政官吏が時務の必要に応じて取り纏めた論文にして、静かなる書斎に於て思索と瞑想との後に生まれた原理を語るものではない」とし、「著者が自信を以て学会に提供せんとする学徒としての産物ではない」（『労働問題研究』⑩七）と謙遜しているが、研究生活の基点であった。

その意義について社会思想研究会の音田正巳が端的に解説している。すなわち『労働問題研究』は「体系的に展開された自由主義、理想主義、人格主義の鮮明なデッサンが随所に見られる」著作であり、「河合栄治郎の根本思想は、その後のベンサム、ミル、グリーン等の研究を通じてはじめて形成されたものではなくして、この『労働問題研究』においてほぼ完成しているといっても差し支えない」とした（「解説」⑩四九七）。

河合はこの著書が「現代日本の中産階級の商人の家に生まれたる青年が如何にして労働問題に傾倒し、如何にその思想の変化し来たれるかの経路を語るもの」である（『労働問題研究』⑩八）と説明した。官僚としての政策解説にとどまらず、自身の抱く社会改革の理想を語り、思想研究の意義をも披瀝していた。

本書の出版当時、労働問題に対する世間の関心が高まっていた。本人はずいぶん前からこの問題に関心をもっていたという自負があり、世の中の興味と異なる独自の視点から論じることを強調していた。労働問題を人間観や社会観などの思想の観点から見ることであった。たとえば、工場法をはじめとする労働法規が単なる警察的な取締法規ではなく、社会政策の一つであり、文化にかかわると次のように述べた。

若しあれが単に一個の警察法規であるならば、其の実施は日本の国民の歴史の上には何等重大なる意義あるものではない。しかし之を社会政策的立法として労働問題と関連せしむる時に、其の実施は日本文化史上重大なる転換点を為すものであって、日本の社会が此に大きな飛躍を試みたものと云わねばなるまいと信じるのである（『労働問題研究』⑩一九二〇）。

河合は立法作業の際、この見解に固執した。官僚は先行法令との整合性や業界の実態に即した現実性など法規の技術的問題に目を向けるが、立法思想にまで踏み込んでいた。労働立法が、労働問題の解決を目的にする治安対策法規でなく、国家としての日本の進むべき将来の方向にもかかわるものととらえた。そうした視点は在米体験にもとづいていた。留学は官僚としての実務的調査という性格をもち、労働組合訪問、工場視察、講演会出席、有力者との面会を精力的におこなっていた。滞在時期は一九一八年（大正七年）八月から九か月間であり、第一次世界大戦終了前後であった。世界大戦のもつ政治的意義を実際に感じることができた。とくにこの戦いが従来とは異なり、国内の労働者を巻き込んだ総力戦であることを知ることができた。

戦争の継続中に於て最も多くの犠牲を払ったものは、各国の労働者であった。彼等は戦線に於ける弾丸雨飛の間に於て、将又後方に於ける軍需品の製造運搬に就いて、努力を捧げたものであって、生命を賭して今度の結果を齎したものは、実に各国の大多数を占むる労働者であった（『労働問題研究』⑩二〇〇）。

労働問題はこの総動員体制の下で社会的に認知された。戦後、「世界は今改造の機運に満ちて居る」と改革要求が噴出した状況を現地で観察した。

労働者の要求は思想的なものであった。欧州大戦について「自由の戦い」「正義の為の戦い」との思想精神的解釈がなされたことに注目した。[10] 従来のように領土や支配圏をめぐる戦いでなく、思想がぶつかる新たな戦争であった。そして自由と正義に反するドイツ、オーストリア（河合は中欧同盟国と表現する）と戦う大義を掲げた以上、連合国は国内における自由と公正に反する問題―資本と労働、男性と女性―に取り組まねばならなくなった。労働者は戦争で犠牲を払ったが、自信と勇気を得て、戦後、自国における不自由と不正義を解決すべく労働運動を発展させた（『労働問題研究』⑩一九九－二〇〇）。総力戦の運用や愛国心の高揚などは、在欧の軍人（たとえば永田鉄山）も観察していたが、社会改革の大義という思想面に着目したのは河合ならではであった。

当時のアメリカは新興超大国として改革機運に満ちていた。戦時体制下、生産拡大、効率向上、労使協調のため戦時労働局が設立され、労働組合の社会的地位も向上し、組合員も増大し、さらには婦人の社会進出が進んだ。長期的にみても、世紀末から進歩主義運動が展開していた。大企業の独占にたいし、自由競争と公正のために政府による規制を求める世論が高まっていた。民主主義が発展し、政治家も社会改革に積極的になっていた。

改革と進歩の時代に活躍したのはウッドロー・ウィルソン大統領であった。行政学者でもあったこの人物はニューリベラリズムを掲げて進歩主義的改革を実行した。鶴見祐輔を中心にした一高弁論部出身者はウィルソン再選の祝賀会を開き、勉強会（火曜会、外国名ウィルソン倶楽部）に発展させていた。河合もそれに加わり、改革的政策に関心をもっていた[11]。渡米後、すぐにニューヨークにおいて歴史に名高い平和に関する十四ヵ条の演説の場に立ち会い、衝撃を受けた。後に次のように回顧していた。

それは僕にとって一個の事件であった。何千と云ふ老若男女が涙を浮べ、咽び泣きをしながら聴いた此の場の光景は、僕にとって脅威であった。否之は決して此の場内の光景ではなかった、それは一億何千万の全米国の光景であった。あれ丈雑多の人種を交へた国民が、あの際に一人の「道徳的指導者」の掲ぐる標旗の下に集まった壮観は、有史以来のインスピレーションである。彼等を動かしたものは、領土の拡張でもなければ、国の光栄でもなかった、かかる動機の下にかかる指導者のもとに、かかる巨大の国民が戦いに参加した事実は、それ丈でさへ大きな歴史的躍動である（『在欧通信』⑰四三七）。

「戦争の灼熱時のアメリカ、彼れの全盛時代のアメリカを自ら観照し得たことは、僕が終生忘れべからざる思い出であった」と振り返っていた（『在欧通信』⑰四三七）。

演説傍聴によって、単に改革的政策ばかりでなく、国民を惹きつける道徳的政治指導者としてウィルソンを尊敬した。大統領の指導の下に、個人主義の強い国民が感激の中に一丸となり、高揚した国民的情熱の中で生活したことが、自身にとってあらゆる方面に伸びる萌芽を植えつけたと回想した（『第二学生生活』⑰一七五）。政治指導者が国民に語りかけ、個人が納得して戦争に加わる、民主主義体制における国民統合の強さをも実感した。後の対米戦争勃発前に官製愛国主義の脆さを危惧したのはこの時の経験からであろう。社会改革について官僚組織が上から恩恵的におこなうのでなく、世論における改革機運とそれを反映する政治体制が必要であると実感した。入省前に弁論部の後輩の前での演説（「エラスムスとルーテル」）でルターのような改革の情熱が必要であると説いていたが、アメリカにおいて個人にとどまらず、社会全体の情熱を実際に観察できた。

河合は労働運動が単なる労働者の待遇改善でなく、個人主義にもとづいた社会変革運動としての意義をもつことを強調した。「個人人格の権威の自覚に淵源を発し、社会的公正の実現を要求するに在る」運動として、宗教改革、ルネサンス、フランス革命の延長としてとらえていた（『第一学生生活』⑯三二一）。

（2）個人主義と人道主義

他方、日本における労働問題への関心は急に出現したもので一過性のものでないかとの疑念を抱いた。「日本人の実際生活から湧き出た運動であろうか」、「彼の外国からの借り物ではないであろうか」、「少しは早すぎる」、「余りに飛躍に過ぎる」と懸念していた。産業発達の程度、労働者の自覚、運動の歴史からみて、日本の労働運動は未成熟であると考えていた。突如とした労働問題への関心は「日本の国際上に於ける地位、支那、朝鮮に対する態度、国内の教育政治の問題、男性に対する女性の要求」などの現状不満の表明の一つではないかとした（『労働問題研究』⑩二〇二頁）。

労働問題が「国民思想の核心」に触れるべきものであり、思想的検討をおこなわねば、真の解決はできないと考え、労働問題と思想との関係を次のように描いた。

労働問題は思想問題と結んで、其の意味は深くなり其の目は高所に注ぐべく教えられる。思想界は労働問題を迎えて日本の事実と結合するであろう。自分は此の事あるを喜ぶものである（『労働問題研究』⑩二〇四）。

日本の思想問題は個人主義がなかったことにあるという。個人主義とは「各個人は各個人の為に存するものであって其れ自身貴重なる目的を有するものである」、「断じて他の手段方便として使用されるべきものでない」とする基本原理である。立法の際、労働政策が労働者の真の幸福のためにおこなわれるか、他の理由のためにおこなわれるかにこだわったことにもつながる。個人主義は社会政策の基本原理であるべきとする。単に物質的な労働条件の改善に限定するならば「資本家と労働者とが獅子の分け前の奪い合いをするに過ぎない」のであり、「資本家の思想に反省を促し、労働者の運動に一段高い清い目的があって、始めて労働運動は価値あるものであり」、「日本の思想上又文化史上意味あるものと思う」（『労働問題研究』⑩二〇三）と訴えた。環境の改善は人生の幸福の要件であるが幸福それ自体でなく、精神が主であって物質が客である（『労働問題研究』⑩三七）。労働者の人間としての尊厳を重んじるのはキリスト教社会主義者にも通じる。戦後、河合の志を継いだ社会思想研究会の人々と友愛会系の労働運動が一緒に民主社会主義運動を展開したが、すでにその萌芽があった。

西欧の労働運動は個人主義の発展が背景にあるという。イギリスにおいて社会政策への要求の前段に自由主義、個人主義の時代があった。

自助独立の美風を養い、各人は自覚の機会を与えられ、各個人の人格尊重の心は起こったものである。彼等は他人に依らず自ら起って、自己の人生に進むべき所以のものを学んだのである。然れども其の自起の気あるも、独立の精神あるも、遂に境遇の改善を為し能わざるを知って、始めて苦しい心の中より、国家の活動を要求するに至ったのである。国家の保護干渉の前に、個人自ら歩むべき所以の自覚を有して居たのである（『労働問題研究』⑩一九五‐一九六）。

つまり「経済的境遇の改善を叫ぶに至りし前には、痛切なる精神的生活改善の声があったものであり、国家の活動を要求する前には、個人の自由放任の主義と辛い戦いを交えて来た」というのである。イギリス国民の精神を次のように評した。

個人主義の宣伝は英国国民に独立不羈の精神と自助自主の美風とを与えて、政府に依らず雇い主に依らず自ら起って自己の運命に猛進すべきを教え、貴重なる生命を有する人間各自は漫に他人の前に膝を屈すべからず、不当なる他人の圧制に甘んずべからざることを知らしめ、又人間として立つ為に何を為すべきかの自覚を与え、英国民が人としての進歩に得る所実に少なくなかったのである（『労働問題研究』⑩二四七）。

このように独立・自助自主という個人主義の存在に注目した。個人主義なくして労働運動の発展はないのである。そして自らの将来を暗示するかのように、イギリスにおいて国民の精神的向上のために学者の果たした役割を評価していた。

河合の個人主義はコスモポリタン的であり、他方、列強入りした日本の後進性を問題にした。アメリカでは日本社会の批判を経験していた。ミカドと貴族、軍人による専制的政治、奴隷のように酷使される労働者、女性や朝鮮人、支那人に対する動物的な取り扱いなど、人間に対する高尚な尊敬を持たない非文明的国との扱いであった（『労働問題研究』⑩二一四）。その見解の多くが誤解であるとしながらも、正義人道の立場からの批判に耳を傾けるべきと日本国民に注意喚起した。文化の相違や偏見と片付けずに日本の非文明性と受け止めた。正義と自由のために戦った国民からこうした批判を受ける危険性も認識していた。大多数の人民が幸福な生活を送っていない日本において、アメリカによる解放が支持されるとアメリカ人が考えているというのは、後の日米関係をみると鋭い指摘である。ウィルソンの演説のように、アメリカ外交が正義と自由を追求するイデオロギー的なものに変化し、日本はそれに対処しなくてはならないことをいちはやく理解していた。

河合の在米時、日米は移民問題を抱えて、必ずしも友好的関係になかった。同じ大義のトで共に戦い、列強の仲間入りをしたのにもかかわらず、日系移民を排斥することに対し、日本では白人による人種差別との批判が高まっていた。河合は不満に理解を示しつつも、この問題には日本の後進性があると、アメリカ人の批判を次のように分析した。

日本は日本の内地に於て先ず為すべき仕事がありはしないであろうか。膨張した土地が本当に日本の六千万の人民の幸福になるならば、世界は決して日本の膨張に不平は言わない。しかし今日の日本の膨張によって幸福になるのは、男子のみで女子は与らない、資本家のみで労働者は与らない、貴族のみで平民は与らない、然らば六千万の多数の為でなく、少数の貴族や資本家の為に、世界は日本の膨張を認める理由はないのである。抑々日本の政府の発言の背後には、どの程度迄人民の要求が籠もっているのでしょうかと問われた事があった（『労働問題研究』⑩二一七－二一八）。

「其の言葉は確かに我が日本の急所を、グサとばかりに穿てる所の有るのは否み難い」という。「我が日本には嘗て解放の運動のあった事はなく、労働者は資本家から、女性は男性から、今も尚受くべき至当の待遇を受けていない」ことを認めた。国内の経済的・政治的不平等を放置して対外的膨張を求めることとの自省を促した。

日本の根本問題は個人の尊厳を認めていないことにある。「人道的の空気を感ずること」がないという。大戦において唱えられた正義人道との言葉に「日本に見る事を出来ない美しいセンチメントの、横溢して居るのを認めざるを得ない」との感想をもった。南部で人種差別を目の当たりにし反発を感じていたが、アメリカの正義人道の訴えに真剣に自己反省すべきと受け取った。そして日本人の根本的欠点が「未だ人生の神聖なる所以を解して居らない。人格の権威と云うものを痛感していない」と指摘し（『労働問題研究』⑩二一八）、次のように論じた。

日本人は自己の人格を、神聖にして犯すべからざるものとする信念が確立して居らない。之即ち日本に於ける各種の改革の運動が常に不徹底に終わる所以である。既に自己の人格に対する尊敬の志がないならば、他人の人格に対する尊敬の念の起こる筈がない、他人に対する純粋の尊敬は、唯自己の人格の尊重からしてのみ沸き出づるからである。資本家の労働者に対し、男性の女性に対し、我が国人の朝鮮人、支那人に対する、一に此の根本的欠陥から発生するのではあるまいか（『労働問題研究』⑩二一九）。

後年繰り返し説いた人格の尊重という概念は、すでに具体的問題と結びついて説明されていた。日本は立憲政体を確立したが個人主義の根本原理に触れずにきた。世界における価値ある国として残ろうとするならば、いつか此の根本に触れなくてはならないのである。

河合が労働問題を論ずる際、常に人格への問いがあった。労働者を搾取する資本家に道徳的批判を加えるとともに、労働者にも経済的境遇の改善を要求する前に精神的生活の改善を考えているか、また国家の保護活動を要求する前に個人の自助独立を求め、個人の自ら立つべき自覚があったかと問うた。その上で就業時間の短縮を必要とする精神的要求があるのか、最低賃銀法の制定を求めるほどの人生の要求が果してあるのか、個人の自覚と人間生活の貴重を解しているのかと、問い返していた（『労働問題研究』⑩一九七）。

そしてこの個人主義にデモクラシーを結びつけた。アメリカでは労働組合が政治参加する実態を見ていた。労働条件の改善には議会民主政の実現が必要と考えた。政治制度の変革がなければ、個人に重きを置いた社会政策の発展は難しいと次のように論じた。

国権の運用者に変化のない我が日本に於て、徹底せる社会政策を現代国家より求めるが如きは其の可能なるや吾人疑いなきを得ないのである。…社会政策の実施に先立って、之を実施する政治家其の者に本質的変化がなければならず、又国政を運用する政治制度其のものに根本的変化がなければならない。民意を代表する代議士が出でて民衆のためにする政治を行なうのでなければ、社会政策の実施は決して確実であると謂うことは出来ないのである（『労働問題研究』⑩二四五）。

国家の第一の義務は「国家を組織する各個人をして人格の権威を自覚せしめるに在り」、政治生活の第一原理として、各人に自由を与え、権利を主張させることで各人の自覚、精神の向上を図ることを挙げた（『労働問題研究』⑩二六五）。議会民主政の確立、組合を中心とした労働者の自助的運動はそのための手段として位置づけられた。民主的改革と労働問題の解決、さらに人格の成長は連関していた。

河合は官僚でありながら国家の後見的行政を越えた社会政策を求めた。労働問題においての開明専制、善政主義を批判し、社会政策が「国家の父長政策（paternalism）と兎角一緒になり易いもので、父長政策は動もすれば国民をして依頼心を起こさしめ、独立自助の精神と而立自覚の発達を妨ぐるの傾きある」ことを警戒した（『労働問題研究』⑩二六七）。父権的国家に依存するのでなく、自立した国民の政治参加による西欧的近代政治を求め、次のように述べた。

若し人民の安寧幸福のみを以て、政治の最高目的であるとするならば、専制政治は最も適当なものであるかも知れない。然し人類の歴史は教えて居る。政治の結果のみが人民の求むる所ではないのである。政治に参与することその事が実に近代政治に欠くべからざる要訣である。人民の為の政治でなくて、人民に依る政治が民本政治の真髄である（『労働問題研究』⑩二九七）。

政治の結果だけでなく、参加を促したのである。そして労働政策における開明専制か民本主義かの政治観の相違にこだわった（『労働問題研究』⑩二七六）。こうした見方は牧民官的発想の強い日本の官僚にあって異質であった。役所組織との見解の相違は人間観・社会観のみならず、政治的なものでもあった。

退官の直接の契機は労働運動をめぐって政治観の違いが顕在化したことであった。労働条件とは違い、この問題には「根底において調和と妥協とを許すべからざる思想上の差異」があるとこだわった。つまり「当局が労働者の為の生活改善を認める」とともに「労働者に依る生活の改善を認める」かどうかにかかわり、「労働政策が真に労働者の幸福の為におこなわれる」かを決する問題である（『第一学生生活』⑯三〇七）。労働者による自発的結社の容認こそ、諸政策が開明専制に終わらないための核心とした。後年の裁判で結社を国家と同等にみる多元的国家論が問題にされたことを考えると、労組の位置づけの問題は生涯にわたったのである。

以上見てきた河合の労働政策論は、ドイツ起源の後見的行政と異なり、英米の個人主義、自由主義、そして民主主義を結びつけたユニークなものであった。彼の著書は、官僚ならではの政策分析に加え、国際比較の視点や社会正義、改革への情熱があふれていた。[12]『労働問題研究』は当時のデモクラティックな雰囲気に合った著作であった。一九一六年（大正五年）に吉野作造「憲政の本義を説いて其有終の美を済すの途を論ず」、大山郁夫「政治的機会均等主義」が出され、普選運動が盛り上がっていた。[13]河合と同様、在米経験のある大山は、労働運動の発展をデモクラシーの経済的領域の拡大としてみており、さらに国民文化の向上につながるとしていた。[14]河合は洋行経験のあるエリートとして、帰国後わずか半年で雑誌『改造』、「東京朝日」、「国民新聞」、「読売新聞」に論説を次々に掲載した。吉野の民本主義論を広めた『中央公論』にも目をつけられていた。[15]

河合は学生時代に西欧文化、そしてキリスト教というコスモポリタン的世界に慣れ親しんでいた。アメリカでは個人主義や自由主義が具体的に実践され、国民の生活向上につながっていることを観察した。アメリカ社会における正義人道の概念をコスモポリタンの共通基準として理解した。上の世代は和魂洋才という言葉にあるように伝統的価値・文化の影響力が強く、近代化と西欧化を分けて考えた。しかし大正教養主義の世代は近代化と西欧化の相違はなく、一等国となった以上、先進国の常識である西欧的基準を知的に受け入れねばならないとした。戦間期は、国際連盟や不戦条約をはじめ、コスモポリタンの共通価値がこれまでになく重要視された。河合が正義人道を重視したのも、世界的影響力を認めたからである。

河合の退官は、コスモポリタンの基準をもとに社会改革を図ろうと努めた彼と、伝統的体制を維持しながら近代化の成果を得ようとする官僚組織との思想的衝突の結果であった。国際的地位が向上し、列強の仲間入りした日本こそ、コスモポリタン的基準で社会政策をおこなわなければならないとの意気に燃えるのに対し、官僚機構が旧体制の利害、慣行に執着し、政治的妥協、駆け引きにとどまることへの不満があった。「周囲の状勢に動かされて蹣跚として定見の見るべきものなき」、「何等の洗練を経ず何等の根底を持たない」、「漠然たる過去の伝統と因習とを踏襲するに過ぎない」と役所の雰囲気に憤慨していた（『第一学生生活』⑯三〇八）。

辞職にあたって新聞に「官を辞するに際して」という自説を一四回にわたり展開した。[16]「今の日本に於て労働問題に最も貢献しうる地位は官吏でない」、「最も必要とされる仕事は立法の事業でない」と言い切っていた。「立法は抑々末である、国民の思想は本である」、「政府は末である、国民は本である」と断言した（『第一学生生活』⑯三一、三二四）のをみると、官界を離れ、思想とデモクラシーを政治に生かす道を模索していたことがわかる。ただ、すでにロシア革命が起こり、マルクス＝レーニン主義の革命論が注目されており、西欧デモクラシーへの関心は後退していた。河合の思想的前途は官界以上に多難であった。

4　イギリス自由主義思想史の探求

農商務省を辞した河合は新聞社の招きに食指を動かしたこともあったが、結局、東京帝国大学経済学部の助教授となった。そして担当講座が経済学史になったこともあり、「自分の思想の体系を確立する為に思想史の研究を思い立って、先ず英国から重要な思想家を検討していった」（「公判記録」㉑三五）のであった。社会政策の元祖のドイツでなく、イギリスを選んだ理由について「英国が世界に於て最も高度の社会発展を為していること、そこの思想家は単に象牙の塔に籠もる迂遠の学究でなく、常に実践的な社会改革者であったこと、又彼等が哲学と社会思想とに跨った思想体系を所持していた」ことをあげた（『第二学生生活』⑰

一七九）。実践と哲学、社会思想が連関したイギリスの思想家に関心をもったのである。後発資本主義国である日本の労働問題を扱うには、イギリスにおける自由主義、個人主義時代を探究するのが、学究としての務めであると自覚していた。

社会問題を考えるのにイギリスを留学先にしたことは、河合の独特の立場につながっている。官学の多くの学者は、一足先に留学した同僚の大内兵衛をはじめ、ドイツに渡った。大内によれば、日本のマルクス主義隆盛は「一九二〇年代にドイツから経済学の本がたくさん来たこと、ドイツに日本の留学生がたくさん行ったことと大いに関係がある」という。河合ですら学問分析手法としては観念的なドイツ流を離れることができなかった。

河合の思想史研究は、社会改革を志した学生時代からの関心と連続していた。制度・政策の基礎となる思想を歴史的に探究した上で、自身で日本に対応した独自の知的体系の構築を試みた。その体系から制度・政策を導き出すのであった。つまり社会問題を扱うのに思想を探究し、その後に社会科学の客観的分析を加える。実際の知的作業は思想の探求にかなり時間をかけてしまい、社会科学を手掛ける前にイデオロギー論争の波に巻き込まれてしまった。

研究の基礎を確立したのが、一九二三年（大正一二年）一月から二年一〇か月にわたるヨーロッパ留学であり、とりわけ最初の一年半にわたる英留学であった。当時のイギリスは戦時規制が撤廃され、ストライキも減少したつかの間の安定期であった。留学生活では、講演やセミナーへの参加や学者との会談を重視した。ホブハウス、ラスキ、リンゼイ、トーニー、バーカーなど著名人を含む多くの者に会った。こうした留学生活は他の日本人学者に見られないものであった。その合間に理想主義哲学の文献を読み込んでいた。木村健康によれば、河合の思想形成において最初の英留学は重要な意味をもち、「理論的および歴史的過程の研究と英国の政治や社会運動の観察と、進歩的学者や思想家との交遊が相和して、河合教授を一個の自由主義的社会主義者に育成した」とし、「英国留学によって河合栄治郎教授後年の思想体系はほぼ出来上ったといってよい」という。この思想を木村は「理想主義的個人主義の哲学の上に立つ社会民主主義」と位置づけた[17]。

イギリスでは、一九二三年一二月の総選挙と翌年一月のマクドナルド労働党内閣の成立という歴史的事件に遭遇した。議会民主政と労働組合の発展を社会改革遂行の要件としていた河合にとって壮挙であった。一九二三年一二月七日に「世界の政治史に特筆すべき事実であろう、着々として此まで来たのである、多とすべきである」(「日記Ⅰ」㉒一〇八)と記していた。労働者代表の労働党が議会民主政の下で順調に発展し総選挙で政権を獲得できたのである。めざすべき実践的方向についての確信を得たと想像できる。これ以降、イギリス社会主義の関心を深め、労働党の思想と政策の背景にある自由主義理念に着目し研究を続けることになった。

こうした研究方向は先進国における自由主義思想の変化に対応していた。大戦前後の英米においては、ロイド＝ジョージやウッドロー・ウィルソンなど改革的政治指導者が出たが、その裏付けとなる思想があった。従来の自由放任的自由主義に修正を加え、労働者の台頭や資本主義の矛盾に対応するために国家の介入を認めるものであった。

河合は農商務省事務官としての滞米中、すでにこの知的潮流を理解していた。官吏としての現地視察などとは別にジョン・ホプキンス大学に籍を置いていた。ジョン・ホプキンスは、アメリカ最初の研究中心大学であり、大学院教育に力を入れ、研究資料も揃っていた。そこでダイシーの『一九世紀の英国における法律と世論との関係』を読んで感激した。「一巻の書が之ほどに自分を動かした経験を未だ曾て味わったことがない」とまで述べていた。この書は「始めて自由主義なるものを私の面前に展開して呉れた」ものであり、「片々たる経済学史によって自由主義を単に経済的自由主義とのみ解して、それを捨てて社会改良主義をとって、自由主義を時代錯誤の思想と思い込んでいた私は、いかに自分が皮相であり浅薄であるかを意識した」という。そして「自己の偏見を恥じて、自由主義を真摯な研鑽の対象とすべきことを教えられた」と語っていた。社会思想と哲学との連関した一体系があることを認識したのである（『在欧通信』⑰一七六）。

T・H・グリーンを読むことを勧め、ラッセルやコール、ラスキなどの現代のイギリス思想家を紹介したのは、ジョン・ホプキンス大学哲学教授のスロニムスキーであった。晩年に至っても「自らのもたなかった問を新たに与えて呉れる影響」を与えてくれたとその出会いを感謝していた（「米国生活の思い出」⑳六七）。研究者としての土台はすでにアメリカにおいて築かれていた。彼自身、「三度の外遊の中で最も収穫の豊かな外遊」であったと回顧した。それは「各種の方面に伸びるべき萌芽を植え付け」、また「全国に漲る専制主義、軍国主義への反対で私に自由主義をば、文字に於てではなしに直接に胸に魂に鼓吹したに違いない」からであった（『第二学生生活』⑰一七五）。ドイツが専制主義・軍国主義で自壊したのを新大陸から眺め、多くの日本人研究者のようにドイツに惹かれることにならなかった。

英留学は、アメリカで育まれた自由主義の関心を深め、書物の中だけでなく、実際政治との連動を具体的に理解させた。多くの思想家と会見し、意見を交換しながら、思想状況を丹念に分析していた。同時代のイギリスの思想的潮流として、①社会心理学研究によるアイデアリズム批判（ワラス（Wallas）、マクドーガル（MacDougal））、②国家主権の否定、集団的人格の要望（フィッギス、コール、ラスキ）、③集団人格の説を労働組合に適用したギルド社会主義（コール、ラッセル）、④ホブハウスの自由主義の復活を挙げていた。ホブハウスの自由主義は、前三者が集団の自由を強調するのに対し、それを認めながらもミル、スペンサーに立ち返って、個人の自由を強調するものであった（『在欧通信』⑰二六七－二六八）。

これらの四潮流の中で河合は、レナード・T・ホブハウス（一八六四 - 一九二九）に注目し、二度会っていた。最初の会見日（一九二二年三月二二日）では「本当にうれしい、収穫が多かった日であった」とある（「日記I」㉒四九）。ホブハウスは自らの研究遍歴を話し、ミル、スペンサー、グリーンの思想を調和統一することをめざしていると語った。河合は「最近思想は多くは批評的、破壊的で、未だ一系統を為すに至らない」として、「ワラス、ラスキ、コールに皆物足らぬを感ぜしめる」なかで、ホブハウスを「最も纏った系統的のものとするに躊躇しない」と評した（『在欧通信』⑰二七二）。

ホブハウスは本体論から認識論、人間観、道徳哲学、社会哲学から社会思想まで「独自の立場を展開する、驚くべき大規模の体系」を築いていた。ダイシーの著作でベンサムの自由主義が思想体系にもとづき展開していることを知ったが、現代の自由主義者で体系的思想家を見出したのである。この人物は、オックスフォードのフェローの職を投げ打ち、「マンチェスター・ガーディアン」、「トリビューン」のジャーナリストとして活躍した後にロンドン大学の社会学教授となった。広範な学問体系を生み出す一方で実践的政治改革のための論陣を張った碩学であった。

思想史の一般的解説では、ホブハウスは自由放任的自由主義に代わり、国家の介入による社会政策が自由と両立するというニューリベラリズムを説いたとされる。しかし、河合のホブハウス評価は、逆の観点であった。前世紀末から社会政策の拡充で国家の役割が増大する中で改めて自由主義の伝統を喚起したことである。自由主義的議会政が変質したことにいち早く目を向け、国家の積極的介入が個人の自由におよぼす問題を論じたことに注目した。

一般的評価との違いはホブハウスの思想的変化による。世紀が代わるまで集産主義を支持し、フェビアンの有力者とも交流をもっていた。国家による経済の集産主義的管理を肯定し、自由主義のもつ個人主義的偏見を批判していた。後になって自由主義思想家の再評価に転じた。河合が接したのは後期のホブハウスであった。彼の自由主義思想史研究は、この思想家が『自由主義』（一九一一年）などで論じた自由主義の系譜に沿っている。理想主義者のT・H・グリーンにおける公共善、道徳的社会連帯、自己発展の原動力としての自由に着目したことも踏襲している。

ホブハウスと河合は社会改良主義の限界を認識していた。労働党のマクドナルドを評価する一方、自由党のロイド＝ジョージに批判的であった。後者は、一九〇〇年代に労働者向けに社会政策を実施した改革者であった。戦時宰相としても国家を指導し、海軍の山本五十六がわざわざ隠棲先を訪問したほど有名であったが、河合の評価は高くない。その社会政策について「最低賃銀法は作られ労働保険法は布かれ、都市に於て電車、水道、電気、瓦斯等の共有が実現したに拘わらず、物価は上騰して止まないで、労働者の生活はより幸福にならなかった」（『英国社会主義史研究』⑤一七八－一七九）とし、国家主導の後見的行政の限界を指摘した。ホブハウスともども自由党の改良主義に飽き足らず、労働党の社会主義に社会問題解決の期待をかけていた。

ホブハウスは大戦前の著作『自由主義』において「自由主義的社会主義」をすでに標榜していた。社会主義における社会的計画、社会的規制、公的所有は、個人の自由や民主主義と両立すべきものとした。それは「機械的社会主義」、「官僚的社会主義」と異なる。前者は社会現象をすべて経済的要因にあるとする。後者は人間を無力で脆弱な種とみなし、配慮して扱う義務を唱える。[18]前者はマルクス主義であり、後者はウェッブのフェビアン協会の後見主義を想定していた。

フェビアン協会は労働党の前身の一つであり、日本では知識人による社会改革として好意的に論じられることが多いが、河合はホブハウスの批判に加え、実際の見聞によってその問題を具体的に把握していた。協会の実践活動には関心をもったが、思想にはあきたらなかった。シドニー・ウェッブはフェビアンの問題を象徴していた。関嘉彦は、この改革者の特徴をよくとらえている。「魂の問題や人生観の問題を深刻に考えた形跡がない」、「宗教についても、よく言えば寛容、悪く言えば無頓着であった」、「道徳の問題についても深い反省を行ったとは考えられず、科学万能主義者であった」と評した。[19]人生観や道徳から社会問題を考えていた河合は、ウェッブのサロン的で微温な社会改革論にあきたらなかった。ウェッブは社会進化論の立場から社会主義を唱えており、後に機械的進歩論に立つマルクス主義に傾いたのも故なきことではない。

一九三〇年代の経済危機では、ウェッブ、ラスキ、コールなど自由主義者が次々とマルクス主義に魅せられていった。日本でも吉野作造、大山郁夫などかつての自由主義者が左傾した。こうした状況の中で河合は自由主義を維持できた。その相違は彼が示したイギリス思想家の四類型で説明できる。左傾したのは集団的人格説からの多元的国家論者である。日本の論者も社会集団論に依拠していた。河合はホブハウスの個人主義的自由主義に学んでいた。イギリス社会において道徳的基調、個人的色彩が強いことを評価していた（『在欧通信』⑰三九三-三九四）。

5　イギリス社会主義への関心

河合は英留学によって社会主義に関心をもった。『労働問題研究』の段階では、社会主義を主張しておらず、当時、「社会主義を採らずして社会政策を採る」、「現在の条件を以てしては社会政策を採るの外無い」と言っていた（「官に就くに際して」⑯二八九）。当時、社会主義は市井の急進派の主張とされ、官吏が論じるものではなかった。社会改良主義から社会主義に進化したのはイギリスの地であった。社会主義が具体的政策として実現するのを直接見聞し、急激な社会改造や国家的後見に代わる方法を理解することができた。さらにホブハウスが現実政治において「自由党と労働党との立場を打って一丸としたようなものが欲しい」、「リベラリズムとソシァリズムを調和したものをつくりたい」（『在欧通信』⑰二七三）と語った知的触発もあったのでないか。

とくに着目したのは、イギリス社会主義が「思想の構造に於て、マルクス主義と根本的に性質をことにしている」ことである。しかしそれが十分な思想的説明がなされていないとも考えた。英国人は「理論化し系統化することを好まない為に、此の差異を云うに簡単な断片を以てして、其の差の由来が奈辺にあるかを、自ら反省し思索を体系付けようと試みない」とし、「此の仕事を彼等に代わって試みること」が「渦中に在らざる吾々に可能なことであり」、「吾々に負わされた課題でもある」と考えた（『英国社会主義史研究』⑤一九‐二〇）。本国人も着手していなかったイギリス社会主義の思想的構造の分析に向かうことになる。

日本の社会主義は他の先進国に比べると特殊な展開をしていた。産業労働者が増加し、社会主義が本格的に論じられた時期にマルクス主義が輸入され、社会主義といえばマルクス主義とされた。ロシア革命の成功により、マルクス主義はレーニン的解釈を施されたものとなった。社会主義は階級史観・唯物史観を前提とし暴力革命によって実現されるとする。西欧先進国でもマルクス主義はさかんに論じられたが、日本のようにマルクス＝レーニン主義が主流となり、しかもコミンテルンの見解に振り回された国は他にない。こうした中で、東京帝国大学教授の河合がイギリスの自由主義的社会主義を論じたことは日本の社会主義史上、意義がある。マルクス主義者の大内兵衛でさえ「イギリスでは、実生活の内にも労働運動の内にもマルクス主義はほとんどないということを、ロンドンにいるときに確認した」、「労働組合の中にはマルクス主義らしいものはなかった」と言っていた。[20]

河合は社会主義の概念を私有財産の廃止に限定し、社会観や道徳観と分けて考えた。「全思想体系と社会思想とは別個のものである」のであり、「異なる社会観、道徳観を抱くものが、等しく同一の社会思想を主張しうる」し、マルクス主義に依拠しなくても、社会主義という社会思想が成り立つことを説いた。社会主義は、第一層に本体論、第二層に認識論、第三層に人間観、その上に道徳哲学、そして社会哲学が載るという思想構造のうち、社会哲学のさらに上部に来る社会思想に属する（『英国社会主義史研究』⑤二一六－二一七）。イギリス社会主義の保守的・現実的・漸進的性格を越えた普遍的部分を解明すべく、社会思想の下部にある哲学構造の徹底的分析に着手した。そして道徳哲学、人間観、認識論においてグリーンの唱えた理想主義の影響があることに注目した（『英国社会主義史研究』⑤一九八）。

グリーン研究は、イギリス社会主義の思想体系全般を理解することにつながり、マルクス主義と異なった社会主義の構築に不可欠な知的作業であった。グリーンの思想をどのように河合が位置づけたか、象徴的な言葉が『トーマス・ヒル・グリーンの思想体系』の最後の箇所に見られる。

彼〔グリーン〕によって理想主義の基礎工事は既に為された。後人の加工補綴を俟って亮然たる伽藍となるべく、為さるべき用意は既に整えられていた。後人の加工補綴が、毫も彼れの根本思想と矛盾することなしに為しうるは、理想主義が終局性を有することの結果であって、此処に理想主義の磐石の強みがある（『トーマス・ヒル・グリーンの思想体系』②四二〇－四二一）。

続けて「グリーンの停止したる所に出立を開始して、往くべき所に彼を開展せしめることは、先師の中に動ける普遍を生かさんがためである」とし、「先師に忠ならんがためには、先師の死屍を越えて進まねばならない」と自身の壮絶な決意をもって書を締めくくっている（『トーマス・ヒル・グリーンの思想体系』②四二一）。

イギリス社会主義は、「社会主義の理論の構成に着手せんとするものに、多大の示唆が潜在して居る」ものの、その体系性は十分でない。グリーン研究はその思想体系を構築するための第一歩であり、社会主義的自由主義を日本に応用することの布石であった。河合は帰国後、思想研究に没頭し、『トーマス・ヒル・グリーンの思想体系』を出した。その後、社会主義的政策を具体的に論じた『社会政策原理』を上梓することになった。

〈註〉

1 XYZ「小野塚喜平次教授論」『経済往来』一九二七年一〇月号、八 - 九頁。この論文は河合の匿名評論である。『河合栄治郎著作選集（第四巻人物論）』（アジア・ユーラシア総合研究所、二〇一九年）二二四頁。

2 猪木正道「リベラリスト・ミリタント」『河合栄治郎　伝記と追想』三四二 - 三四三頁。

3 唐木は「ほどよく気取り、ほどよく絶望し、しかも講壇に立ったり、花柳の巷に遊んだりするわけ知り」、「すべてのもののエピゴーネン」として、大正教養主義の「内面的生活、内生に閉じこもる」性格を批判した。唐木順三『現代史への試み』（燈影舎、二〇〇一年）三七頁、四七頁（初版は一九四九年）。唐木の教養主義像について粕谷は「近代日本の思想史・文化史への展望が不十分」であり、唐木以降の「教養主義批判は、唐木順三の次元以上のものは出ていない」とする。粕谷一希『反時代

的思索者　唐木順三とその周辺』（藤原書店、二〇〇五年）一一六頁。現代においてさえ、大正教養主義は唐木的概念に依拠して論じられることがしばしばである。

4　ローデンは、校風論争の中で彼らを穏健派と評し、「国家という大きな枠組の中で、明治後期の知識人と帝国官僚国家の間の無言の調整をもたらした」としている。ドナルド・T・ローデン『友の憂いに吾は泣く（下）』（講談社、一九八三年）一一五頁参照。

5　河合栄次郎「夕の鐘の音」『青年雄弁集』（大日本雄弁会、一九一三年）一六五－一八一頁。『著作選集』四五－五二頁。

6　河合は信仰者としての内村でなく、キリスト教にもとづく理想主義思想や人生・社会批評、人格的な「強さ」に魅了された。松井慎一郎「河合栄治郎と柏会」、河合栄治郎研究会編『教養の思想』（社会思想社、二〇〇二年）二五三－二五四頁。

7　伊原吉之助「河合栄治郎の教養論」『社会思想研究』一九六四年四月号、二三頁。

8　木村健康「或る自由主義者の歩んだ道」『学生生活』（河出書房、一九五一年）一四五－一四六頁。

9　明治末から大正のはじめにかけて、ユニテリアンの活躍が目立っていた。「六合雑誌」をもとに自由基督教運動が展開した。高坂正顕・山谷昌平ほか『近代日本とキリスト教―大正・昭和編―』（基督教学徒兄弟団、一九五六年）一五四頁。

10　河合はこうした大戦観を渡米以前から抱いていた。当初は帝国主義国間の戦争と考えていたが、一九一八年三月に子供が生まれたことで「此の子をどう育てようと考えた時に久しくも忘れていて何の感動をも起こさせなかった「自由」と云うことが新しい響を持って私によみがえってきた」という。

そこでこの戦争を「英米仏の自由主義と独墺の専制主義との闘争」と考えるようになり、戦後の世界で自由の要求が台頭することを予想し、実際に見聞すべく渡欧への希望を出したという（『第二学生生活』⑰一七四）。

11 河合は鶴見と親しく、火曜会の中心メンバーであった。河合をふくむ火曜会同人の記念写真を鶴見はウィルソン本人に献呈した。火曜会の活動については北岡壽逸「鶴見祐輔さんの思い出―火曜会を中心として―」『友情の人鶴見祐輔先生』（北岡壽逸、一九七五年）六一―六三頁参照。なお北岡は河合休職処分後、社会政策講座を引き継いだ。

12 戦後、東京電力で活躍し、河合の全集刊行に尽力した木川田一隆は『労働問題研究』を最も高く評価している。とくに「エラスムスとルーテル」、「労働問題に対する志を言う」の二論文を何度も読み、「改革者の高い精神と社会問題に対する先生の若い情熱と使命感とが躍動して」いることに感銘を受けたという。木川田一隆「私の履歴書」『私の履歴書　経済人』（日本経済新聞社、一九八〇年）第一三巻、一〇頁。

13 河合は洋行前から自由主義にあこがれていたが、「当時の吉野作造氏等の自由主義運動から少しも影響を受けたのではなかった」と言っている（『第二学生生活』⑰一七五）。

14 藤原保信『大山郁夫と大正デモクラシー』（みすず書房、一九八九年）九一―九七頁参照。大山は河合と同様、国民文化に注目し、マルクス主義の唯物論に懐疑的であったが、後にマルクス主義者を自称するようになった。哲学にまで及ぶ思想体系にこだわった河合と、実践運動に加わり、プラグマティックな大山の相違ではなかろうか。

15 吉野作造の論文を数多く手がけた『中央公論』の滝田樗陰は、河合に原稿を頼みに行って断られた。今まで滝田の依頼を断る者はおらず、「時代が変わったものだ」とがっくりきたという。粕谷一希『作家が死ぬと時代が変わる』(日本経済新聞社、二〇〇六年)二六頁。

16 全集収録の『第一学生生活』は省略版を掲載している。著作選集には新聞掲載されたすべてを収録している。『著作選集』一四九-一八一頁。

17 木村健康「河合栄治郎の生涯と思想」三七頁。

18 Hobhouse, *Liberalism and Other Writings* (Cambridge U.P., 1994) pp.81-82.

19 関嘉彦『民主社会主義への２００年』(一藝社、二〇〇七年)四〇一頁。

20 大内兵衛『経済学五十年(上)』(東京大学出版会、一九五九年)一三六頁。

第二章

社会政策原理における社会主義

1 『社会政策原理』における社会改革論

河合栄治郎は、東京帝国大学経済学部で社会政策講座を担当しながら、思想研究に集中し、現実の政策に言及した著作はほとんどなかった。同僚の土方成美によれば「経済学者としてよりは、寧ろ思想家、倫理学者の色彩が強」いと見なされていた。[1] 演習生で経済学部の同僚となった山田文雄の「実際問題は余り好きでもなく、寧ろ苦手であった」（「解説」③四六九）という見解もあるが、当時の実証分析手段がほとんどマルクス主義的方法に限られていた事情もあった。

一九三一年に出版した『社会政策原理』は専門にかかる代表的著作であり、社会問題の認識・検討における、河合の視座を理解するための格好の文献である。この書は、一九二八年の一一月から刊行を開始した日本評論社『現代経済学全集』（全三一巻）の一つである（第八巻）。全集刊行に際し、改造社版『経済学全集』（全六六巻）と激しい宣伝競争がおこなわれた。改造社版の執筆者が河上肇、大内兵衛、櫛田民蔵、大森義太郎などのマルクス主義者が主であるのに対し、日本評論社版は河合や土方成美、本位田祥男など非マルクス主義者が主であった。両社の宣伝合戦はイデオロギー対立に発展し、執筆者の人身攻撃にまで及んだ。[2]『社会政策原理』は、刊行の事情からマルクス主義に批判的な内容であり、一般にもそう考えられていた。出版時、満州事変直前で大恐慌の痛手を受け、資本主義の崩壊すらあり得るとみられていた。政財界の要人を狙った右翼のテロが続発する一方で、論壇や大学・高校ではマルクス主義が流行し、階級闘争や社会革命が現実のものとして受け取られていた。学術出版競争が過熱したのは、社会危機の解釈をめぐる〝知の覇権〟争いでもあった。それぞれの第一巻は土方『経済学総論』、河上『経済学大綱』と両陣営を代表する学者が担当している。高等教育の世界が狭い当時、学術書は現在では想像もできない権威があった。

そうした中で、河合は喫緊の問題である社会政策を取り上げ、社会改革の方法について具体的に論じた。執筆にかなり苦労したようであるが、[3]それは全集刊行という目的だけでなく、時代の課題に正面から取り組み、自らの主張を世に問いたいという使命感があったからであろう。山田文雄は、本書を評して、「理想主義哲学とその上に立つ社会思想の立場で、社会問題の考え方、扱い方を展開」したものとした（「解説」③四六五）。河合が自己の思想にもとづいて同時代をいかに把握し、理解していたかを確認するうえでは欠かせない文献である。

『社会政策原理』は教科書ということもあり、最初に社会政策の目的について「社会に属するあらゆる成員が人格の成長を為しうる社会組織を構成すること」（『社会政策原理』③二〇）と説明している。人格の成長という精神的問題を第一とし、その目的のために社会組織を変革する。社会政策が対象とする分野は広範に渉る。

注目すべきなのは、社会政策と経済政策を区別していることである。経済政策は生産力の発展を目的とし、財貨の生産・交換・分配を分析の対象にする。階級闘争、独占、株式会社、私有財産、労働組合、消費組合などの社会現象が生産力との関係において考察される。生産力を根本に据えるのは、経済分析手段としてマルクス主義に依拠せざるを得なかったことを示している。他方、社会政策は同じ現象を「社会組織の変革過程に於ていかなる地位を占め意義を有するかという観点」から眺める。そしてドイツから輸入された従来の社会政策が経済政策に従属していることを問題視し、独自の総合的学問としての意義を強調した。そのことによってマルクス主義から切り離し、自身がこだわる社会思想を応用する余地が出てくる。

ところで社会政策という学問は、当時どのように考えられていたのか。日本評論社版と対抗関係にあった改造社版の経済学全集に収められた『社会政策』（一九二九年）は波多野鼎（九州帝国大学教授[4]）が執筆した。所収の「社会政策原論」では、社会政策を「資本主義社会なる特定の一歴史的時代における一つの政治的現象」と考え、「資本主義経済法則の埒外に立つことはできない」とする[5]。社会政策は、資本家階級、労働者階級それぞれのためにあり、両階級の権力闘争にしたがって双方の利益を反映したものとなる。[6] 国家意思の決定は、社会基盤に立った政党が参与し、政治的情勢に左右される。[7] 波多野が各論としての「社会政策施設論」で掲げたのは、労働者保護、労働運動、失業対策、小作対策といったように労働政策が中心である。

京都帝国大学経済学部の社会政策講座教授は河田嗣郎[8]であった。彼の『社会政策原論』（一九三四年）は、マルクス主義に立っておらず、社会政策の目標に倫理的希求を置き、各個人の人生観と結びつける。[9]「社会生活を通じての人生価値の実現」を訴える点で河合の議論に似ている。しかし社会政策の対象は「経済一般」であり、「経済生活上に於ける人々の部類間に存する不衡平を除去し人々をして経済生活上に均等なる機会を得しめんとすることの為め」に実施される。[10] 経済を社会生活の要求に合致させることが社会政策の任務である。[11] 以上のように当時の社会政策学は、マルクス主義を前提としなくても経済政策中心であり、思想的展開に至ることはなかった。

河合は社会政策において人格成長の要求を重視した。社会制度とはその要求に対応すべきものとして位置づけられる。したがって現行の制度は人格の成長という基準によって判断される。その制度の理想とは「社会に属するあらゆる成員――一人も一階級も犠牲とすることなく――をして人格の完成をなさしめることに在る」ことにある。一人の人格の成長と他人の人格の成長との抵触はありえない（『社会政策原理』③七二）。

　社会問題の認識も人格から論じられる。当時、社会問題という言葉は、河上肇の個人雑誌『社会問題研究』（一九一九年刊行）にみられるように頻繁に用いられていた。河合はこの言葉を独自の観点から解釈した。すなわち、社会問題とは「社会制度の欠陥より発生する問題」であり、人格の成長に人間の理想を求めることで問題となる。理想の意識が低いうちは社会問題の認識はない。社会進化の過程で、その都度、社会問題が認識され、その克服によって社会が前進する。したがって問題は時代ごとに移り変わる。人格の成長に関心が高くなるにつれ、社会問題の内容も進化する。道徳意識と社会問題は連動している。現在の社会問題は、資本家階級と労働者階級との間の労働問題にある。この問題が労働者のみならず資本家の人格の成長を阻害するのである。

　社会問題を生み出す社会制度の欠陥こそ資本主義制度であった。資本主義は物質文明を建設し、「自己の任務を忠実に遂行する義務心」、「社会公共への関心」を喚起してきた（『社会政策原理』③二一二）ものの、現代ではあらゆる者の人格の成長を阻害する要因となってしまった。それは四点に集約される。第一に資本主義社会において、「プロレタリアが成長を為すべき道徳的経済条件を欠く」ことである。彼らは生産者として、ブルジョワーから余剰価値を搾取され、労働の対価が完全に支払われず、消費者としても商人から搾取される。第二に、ブルジョワーも「不労にして生活しうることと、その不労の所得を奢侈逸楽に消費することと」で、人格の成長をなしえない。余剰価値を搾取する上に生活する彼らは倫理的批判をまぬがれない。第三の問題は、階級対立によって、社会にプロレタリアの反抗と憎悪、ブルジョワーの不安と恐怖がみなぎり、すべての人格の成長が妨げられる。それは「ブルジョワーの余剰価値の搾取が不正であると云うプロレタリアの認識と、余剰価値の資本への再投下が愈々不平等を累加することに対する不平より結果する」のである。第四の問題は、資本主義のイデオロギーとしての物質主義である。この考えは「一切の価値観念を顚倒せしめ、人格の成長への努力と矛盾する」のである（『社会政策原理』③二三六－二三七）。結局のところ、資本主義の弊害の根本は余剰価値の搾取と自由競争による生産の無政府状態にある。それらはあらゆる成員の人格成長と衝突するのであった。

このような資本主義をいかに改革すべきか。河合は社会改良主義でなく、社会主義を採ることを明確に主張した。社会改良主義とは「私有財産と自由競争を維持すると共に必要ある限りに於て之に制限を加えること」であった。具体的には、就業時間の短縮や、少年労働、徹夜業の禁止や賃金引上げ、疾病・傷害・老廃の補償といった政策である。社会改良はプロレタリアの生活条件向上につながり、全く否定されるわけでないが、「余剰価値の搾取とそれに基因する不平等の累加」という資本主義の弊害を解決することにならない。また所得再分配のような修正資本主義的政策についても言及していた。すなわち、資本家から所得税、財産税、相続税を徴収して、社会政策に向けるのである。しかし私有財産制度を維持し、余剰価値の搾取を前提とする限り、修正主義的方法はいずれ限界を迎えると否定的であった（『社会政策原理』③二三一－二三五）。

河合は独自の社会主義を提唱した。物質主義、私有財産制度、資本家による余剰価値の搾取を根本的に改革するのである。具体的には、①生産手段の私有の廃止と生産の統制、②あらゆる者が労働の義務を負うこと、③あらゆる者に生活の最低標準を保証することの三点からなる（『社会政策原理』③二三七）。

この社会主義は手段的なものであり、思想と分けて考えられる。マルクス主義、とくに唯物主義と不可分でないのである。他方で、社会主義の必要性を導き出した現状分析はマルクス経済学の手法に依拠していた。それは物質的問題にとどまらない。先に見た人格の成長が阻害されるという主張は余剰価値の搾取という前提から導かれていた。搾取によって、プロレタリアは過重なる就業時間と賃金低下を余儀なくされ、ブルジョワーは不労所得を得て、奢侈逸楽に消費し、人格の成長の阻害につながる。社会改良主義でなく、社会主義にこだわるのは余剰価値説を前提とすることが原因である。搾取論に立つ限り、社会改良は根本的な問題解決にならないという結論になってしまう。

河合の論じる社会主義とは、私有財産の「撤廃」であり、一切の不労所得の根絶である。奇しくもマルクス主義者の求めた変革と共通する。それは、社会思想研究会の人々が戦後唱えた民主社会主義に比べるとかなり急進的であった。マルクス主義を論駁しながらも余剰価値説や私有財産の撤廃について批判していない。後年（一九三四年）になっても、マルクスの資本主義経済分析に賛意を表していた（「教育とマルキシズム」⑯八九）。河合の社会主義はイギリス社会主義の発展形態と自負するが、本国の社会主義者が余剰価値説を否定していることを継承していない。

当時の経済学者がみな余剰価値説に依拠していたかというとそうでもない。同年代で英留学経験のある小泉信三は大正年間にその理論を批判し、山川均、河上肇や櫛田民蔵と論争していた[12]。余剰価値説は、その理論自体よりも、労働者が搾取され、資本家の利潤が搾取の産物であると説くことの政治的影響が大きい。わかりやすい善悪の図式で社会を割り切ってしまうのである。確かに農村社会や都会の工場での深刻な格差や不平等な法制度はこの図式を受け入れやすくしていた。河合は余剰価値説を認めることで資本主義に厳しくなり、その改善可能性を低くみていた[13]。

河合において資本主義の修正という選択肢はなかったのであろうか。演習生であった近代経済学者の安井琢磨や熊谷尚夫によれば、一九二〇年代において社会政策論に使える正統派の経済学はなかった、その結果、不本意ながら経済学の部分についてマルクス経済学を用いざるを得なかったという。[14]自己宣伝の嫌いもあるが、大内兵衛は「純粋にブルジョワ的立場の経済学は―古典派にしろ、社会政策学派にしろ、なくなった」と誇っていた。[15]

安井によれば、河合は「元来経済理論に対する関心はあまりつよくなかったし、したがってまたその理解もあまり深くはなかった」という。[16]丸山真男の回顧をみると、河合は経済学をボタン学問と評して、ボタンを押せば答えが出てくると軽視していたようである。[17]

マルクス経済学の借用について、熊谷は「先生の思想内容と実質的なかかわり合いをもたないわけにはいかなかった」と指摘した。この点は、河合の思想を検討するうえで見逃すことができない。余剰価値説を通じた資本主義の見方は、かなり偏ったものになってしまい、熊谷の言うように「資本主義の修正という段階を飛び越して、一足とびに生産手段の私有撤廃という形の社会主義というほうへ、考え方の上で飛躍」してしまった。[18]安井によれば、当時の知的雰囲気において、いやしくも進歩的社会科学者ならば、修正資本主義という主張が許容される雰囲気でなく、ラディカルな主張にならざるを得ない事情もあった。[19]資本主義の修正という政策は、現実的選択肢としてほとんど考えられず、資本主義か否かの選択になっていた。

余剰価値説を前提にした現状分析は、政策論ばかりか、自由主義論にも影響していた。それは経済的自由に関する点である。この自由を他の自由と分けて考え、社会主義実現のために否定するのもやむをえないものとした。経済的自由主義は、ある種の自由を実現する実質的自由主義であるのに対し、言論の自由主義や政治上の自由主義は、これよりも古い起源をもつ形式的自由主義とされた。前者は、社会主義の時代に否定されるが、後者は普遍的原理として、いかなる主義に対しても維持されるべきものである（『社会政策原理』③二二六）。経済的自由の制限は、他の自由を制限することにはつながらず、現代の資本主義体制の下では、むしろ人格の成長に不可欠であるとした。経済的自由を特別視する観点は、河合が私淑したホブハウスをはじめとする、当時のニューリベラリズムに共通した見方であった。安井によれば、河合は「抽き出し型の、分類的な考え」で各自由を独立して考え、その結果、経済的自由を特別視し、簡単に否定してしまい、しかも他の自由に影響は出ないと考えた。経済的自由とそれ以外の自由とのつながりについて「まだ充分に考え抜かれずに残された問題があった」のである[20]。八歳下のフリードリッヒ・ハイエクは経済的自由の喪失が他の自由の喪失につながると集産主義を批判した。後に戦時統制経済によって政治的自由まで侵害されたことを考えると、河合の自由主義の分類はいささか図式的であったといわざるをえない。

こうした単純な割り切りは、社会主義の前提となる人間観にもあらわれている。自己の利益にならないことから能率が低下し、生産力が減退するという社会主義批判に対し、人間の自己利益を追求する欲望を「人間本来の衝動に非ずして後天的に育成された資本主義以後の産物」と考えた。利己心が利益追求につながるのは資本主義社会が経済的自己責任の原則に立つからであり、生活が保障される社会主義社会では利益追求の必要がなくなると期待した（『社会政策原理』③二四〇）。労働の原動力として「創造の衝動の満足、公共の為に尽くしたいと云う義務心の満足、職能を果したことに対する他人の評価」などを挙げ（『社会政策原理』③二四一）、社会主義社会においてこうした動機に期待した。人間の利他的側面を強調するのは、学生時代以来の道徳主義とも親和するものであった。白樺派の武者小路実篤が共産的な新しき村をつくったり、農場を小作人に分配した有島武郎を彷彿させる。

『社会政策原理』の独自性は、社会政策でなく、むしろ、それを実現させるための政治手段にあった。余剰価値説を用いざるを得ない資本主義分析の箇所に比べ、政治分野では自由主義的議論が存分に展開されている。河合は「議会主義（Parliamentalism）」を通じた社会主義をめざした。つまり「総選挙に於て社会主義の必要性を民衆に説得し、民衆を社会主義に改宗せしめることにより、社会主義政党に投票の大多数を獲得し、之を以て衆議院に於ける絶対多数党を形成し、社会主義の法案を通過せしめることにより、社会主義を実現せんとする」（『社会政策原理』③二四六）のである。マルクス主義と違うのは、言論の自由を認め、暴力革命・独裁主義という手段を取らないことである。革命独裁主義は、「民主主義なき時代の所産か民主主義の不備なりしロシアの所産である」(『社会政策原理』③四四〇)のであり、民主主義の中から出現した「英国派社会主義」を評価し、それを補完発展させた社会主義を求めていた。

議会主義を支持すべき論拠として次の三点を掲げた。第一に、社会は全構成員の所有にかかるものであり、その改廃について多数の成員の承認が必要であるとする。少数者による暴力革命は他の構成員の権利を侵害する。議会制度を通して民衆を説得し改宗させる過程が存在すべきである(『社会政策原理』③二四七)。

第二に、社会制度の存続は多数の成員の信念に依存するものである。もし社会組織が変化しても、大多数の信念が旧組織に囚われているならば、新組織に順応できるか疑問であり、自己の成長に役立たしめることができない。議会主義は多数の成員の信念を説得によって変える方法として有効である。つまり「総選挙に於て民衆に資本主義の弊害を説破し、社会主義社会の必要を力説する。之により民衆の信念を改宗せしめ、未来社会に対するこころの準備をととのえしめる」のである。また、議会、選挙を通じて反対思想からの反駁に答える過程をもつことで、社会主義を批判の俎上におくことは「自己を反省し完成する修行となり、社会主義自体が洗練・彫塑され、民衆の現実に触れた信条になる」という。これは「一個の社会人として更に人としての成長に必要な過程」であり、民衆の自覚を喚起させる意味をも

つ（『社会政策原理』③二四九－二五一）。

第三は、反革命の危険への対処ということである。議会主義の手段によって、大多数の民衆が説得され、改宗し、信念を持つならば、社会主義社会は強固確実な基礎をもつ。自発的に国民が政府の政策を支持し、結集する社会が強い力を発揮することを、大戦下のアメリカにおいて観察していた。

もっとも議会主義が正当性をもつには、政府の中心が民衆の選挙する議員より構成される衆議院にあること、また男女の普通選挙、言論の自由が認められねばならない（『社会政策原理』③二五二）。議会制度が確立しない国では暴力革命主義が出現する。日本の現状は議会主義として満足すべき状態にはないが、議会主義に期待できないわけでもない。本書を執筆した当時、民政党と政友会を中心とした議会制度は曲がりなりにも機能し、無産政党も成長していた。

さらに言論の自由を強調し、無産者独裁主義を拒否した。社会主義社会が実現しても、政府と反対の思想を抑圧することを否定した。第一に反対思想を抑圧するならば、政府と同じ思想しか残らないことになる。政府の思想が絶対的に正しい前提があってのみ許容される（『社会政策原理』③二五五－二五六）もので、自由主義者河合が思想の絶対性を否定するのは言うまでもない。社会思想とは常に変化するものであり、権力をもってその変化を止めることはできない。
第二に反対思想の存在は、自己の思想の反省にとって必要である。思想とは人格を動かす信念であり、読書と思索により、自己の思想の批判を怠ってはならず、反対思想はその反省の材料となる。このことを次のように述べた。

反対思想に際会するや、之と自己の思想とが何処に於て差異があるか、自己の思想は依然として正当であるか、反対思想の誤謬は奈辺に伏在するか、之等を研究すべく余儀なくされる。ここに於て今まで唯無意識の裡に漫然として受容された自己の思想は、始めて自己の意識の俎上に上され、批判の対象となる。かくして尚依然として自己の思想が正当なりとするならば、その内容に於て従来と異なるなきも、批判の過程を経たことの故に、それは真正の自己の思想である…反対思想の存在は、従来の支配思想に反省と批判とを促す刺激となる。従って若し真に自己の成長を所期するものは、常に反対思想の存在を歓迎する。自己の思想の上に偸安の夢を貪らんとするもの、反省と批判との努力を怠らんとするものが、反対思想の存在を嫌忌する（『社会政策原理』③二五七）。

思想のこうした成長過程は、イギリス自由主義思想史において注目していた点でもある。

研究対象は、功利主義者と理想主義者が中心で思想家も限定されていたが、一七世紀の詩人ジョン・ミルトンをあえて取り上げていた。『アレオパジティカ』においてミルトンが唱えた思想と反対思想との切磋琢磨の過程に注目していた。

第三に、権力による思想圧迫は歴史をみても不可能であり、また成功しても「民衆を死の沈滞に駆るか、卑怯臆病なる徒と化せしめる」にすぎないとする。言論抑圧によって「威圧に屈し権力に盲従する利己心を民衆に助長する」結果しか招かない。社会における少数者の「独創の精神と敢為の気魄」こそ評価すべきである（『社会政策原理』③二五七―二五八）。

以上の議論は、社会主義者による革命独裁論を批判する中で展開しているが、同時代の政府による言論弾圧批判にもつながる。河合は他の著作でマルクス主義思想弾圧を批判しており、自由主義の中核ともなる信念といえる。改めて振り返ってみると『社会政策原理』において注目すべきは、社会主義の内容そのものよりも、その基礎となる人格の成長論と、社会改革実現手段としての議会主義にあるといえる。

2 マルクス主義との対決

一九三〇年代前半、河合は教師として後年のような評判はなかった。丸山真男は、高等学校当時、文部省の手先として思想善導講演に来たということで学生の受けは悪かったという。[21]丸山が河合を見直したのは、二・二六事件などの軍部批判以降であり、それも自由主義思想ではなく、毅然とした権力批判ゆえであった。

戦後、マルクス主義が隆盛を取り戻し、河合と敵対した大内兵衛グループが大学や論壇で主流を占めるようになると、反マルクス主義者としての面に批判が集まった。大内は河合が「絶対にマルクスを恐れていた」と断言しているが、[22]研究内容や当時の思想状況を無視した決めつけであった。

河合がイギリスから帰朝した当時、マルクス主義は論壇と大学を席巻していた。大内によれば、関東大震災の一九二三年（大正一二年）から満州事変の一九三一年（昭和六年）までの時期が「日本共産党が生まれ、また労農党その他無数の無産政党ができた時代であり、社会主義の研究と意見とが花やかに思想界を風靡した時代」という。[23]総合雑誌はマルクス主義の論文を数多く掲載していた。一九二八年（昭和三年）の三・一五事件や左傾教授追放など政府の取締りがある一方で、マルクス主義者の論説を載せることが商業的に成り立っていた。大森義太郎は左翼活動が原因で東京帝国大学助教授の職を辞したが、文筆業で活躍し、大学教員と同様の生計が可能であった[24]。深刻な社会格差があり、経済不安も高まる時代に現状分析の学問としてマルクス主義は知的権威をもっていた。革命運動が厳しく抑圧された反面、知的世界においてマルクス主義の影響は強かった。唯物弁証法は経済学、法律学、政治学などの学問を支配する科学法則として理解された。社会科学とマルクス主義が同一視されるようになった。先行きの見えない中にあって社会を動かす法則を〝会得〟したマルクス主義者は尊重された。マルクスの著作が他国に比べて盛んに翻訳・流通されたのも、この法則を知りたいという知的需要があったからである。とくに大森義太郎が重宝されたのは入門書の『史的唯物論』に見られるように万能の法則をわかりやすく一般に解説できたためである。

河合が属した経済学部は、マルクス主義の影響を受けやすかった。学部の創設（一九一九年）は、社会主義が台頭したのと同時期であり、理論とともに実践活動も注目されていた。学部独立の中心人物であった高野岩三郎教授は同年に国際労働会議の代表選出をめぐる問題で辞職した。その翌年には学部雑誌『経済学研究』創刊号での森戸辰男助教授（社会政策講座担当）が論文「クロポトキンの社会思想の研究」で新聞条例違反に問われ、下獄・辞任した。法学部が国家体制の構築時に創設され、ずっと保守的性格をもっていたのと対照的であった。帝国大学の学問は商業専門学校や私立大学と違い、理論を中心としており、マルクス主義の影響が大きかった。[25] かつて河合が世話をした向坂逸郎、大森義太郎、山田盛太郎はマルクス主義者として活躍した。〝新しい〟理論を身に付けた少壮学者は、上の世代における社会問題の〝認識不足〟を激しく攻撃した。マルクス主義を軸とした思想上の対立に学内の人間関係が加わって派閥闘争が起きた。

一九二七年から二九年にかけて、同僚の土方成美や慶應の小泉信三は、マルクス主義者と論争したが、河合は加わらなかった。後に「元来私はマルクス主義者との論争は好まなかった。何故なれば論争は、決して冷静にそして紳士的に行なわれ難いからである」と回想していた（『時局と自由主義』⑫八）。確かに土方や小泉に対し、理論的反論でなく、激しい個人攻撃が加えられていた。単純化された経済決定論で、ブルジョワ学者の反動性を叩くにすぎず論争ではなかった。[26] 論壇ではマルクス主義がもてはやされ、批判者は反動扱いされた。大内兵衛によれば、「論壇は毎月毎月左傾して行く」のであり、「左傾すればするほど人気が沸く状況にあった」という。[27]

河合は総合雑誌に寄稿しながらも、時代思潮に迎合する編集方針に批判的であった。一九三七年に『中央公論』、『改造』、『日本評論』、『文藝春秋』の過去の記事を分析したことがあった。それによると「時事問題とは何の関係もなく、大学の講壇ででも説かれそうな難渋な学術的論文が、多大な頁数を占める」という特徴があった（「ジァーナリズム」⑲二八七）。それらは進歩的傾向をもち、支配階級や権力者を批判攻撃し、現実の政治・経済と乖離していた。「実際界は愈々保守的に固まると共に、ジァーナリズムに表現される思想界は愈々急進的に走る」、「ジァーナリズムは日本の現実の反影ではなくて、現実の正反対を反映する」と指摘した（「ジァーナリズム」⑲二八五）。読者の心理を現実から遊離させ、身辺の保守的傾向を忘却させるという。学生において現実に歩む大地と、頭脳で考える思想とが遊離し、また、その人格に於ける意識的部分と無意識的部分との分裂不統一となる原因となったと手厳しい。ジャーナリズムの「オポジション的気質」、「偏局した視野」、「狭隘な党派心」を批判し、次の一文は、大森義太郎などの評論を念頭においていたものと思われる。

況や公式主義を振り廻す一派の人々の登場は禁物である。筆者の名を見ただけでその内容は略々見当が付くし、同志に阿り他を傷けんとする悪意が見え透いて、被批判者と読者とを不和ならしめる（「ジァーナリズム」⑲二八九）。

総合雑誌の雰囲気について、一九三〇年に一高の二年であった歴史学者の林健太郎は「急に「社会意識」に目覚めて『改造』や『中央公論』などの雑誌を読み始めると、私はもう既に、マルクス主義が全体の真理でそれを「批判」などする人間は「悪い」人間なのだという固定観念にとりつかれてしまった」といい、雑誌の内容は圧倒的にそういう印象を与えるものばかりであったという。小泉信三などマルクス主義批判者は敵役であった[28]。

河合は、論争において「己を低めざらんとする自尊の念と、学徒としての相手を尊重せんとする武士の儀礼」と「己の論敵を卑しめることによって、之を論敵として選んだ自己を卑しめざらんとする矜誇の心」を求めた。論争の勝敗を観衆に評価させる現今の論争が「前途に学界の重い使命を期待されている有為の学徒が、心ならずも自らを駆り又人を駆って、此の堕落の路に進みつつあるを眺めて」、それを「いたましい学界の恨事である」と嘆いた(「一学徒の手記」⑮二七三‐二七四)。

マルクス主義の台頭後、思想界が「余りに単純に人間を左と右に分類する」ようになり、理論内容を精査することなしに、「一事右に対抗するや左翼に分類し一事左に対抗するや右翼に分類する」ことを批判した(「大学の運命と使命　再び森戸辰男氏に答う」⑮二一二)。後世からみると、論壇での激しい体制批判、社会改造要求、反対派攻撃、そして非合法運動を背後に擁していたのは、後の国体明徴論と共通している。論壇のイデオロギー化は国家主義の呼び水になったといえる。河合による言論の自由の主張は先見性があった。

河合がマルクス主義に反対したのは、土方成美によれば、経済理論が間違えているという点でなく、「唯物史観の必然論はモーラル・フリードム（道徳的自由）の見地から許し得ないといっていた」ように道徳的見地からであった。[29] そのこともあってマルクス主義を批判した場は、論壇ではなく、学園であった。一九二八年（昭和三年）から、高等学校の思想善導のために全国で講演した。一九三一年（昭和六年）の七月には、文部省に学生思想問題調査委員会が設置され、委員に任命された。この人選について「文部省の私への妥協」と自負し、「私の思想の宣揚のためにはあらゆる機会を利用するであろう」と言明していた（「大学の運命と使命」⑮一〇七）。問題関心は、マルクス主義者との論争でなく、学生における影響の排除にあった。

高等学校におけるマルクス主義の流行は、一九二六年から一九三一年の間であった。一九三〇年には官立高校では生徒三十八人に一人の割合で左翼活動の処分者が出るほど増加していた。[30] 同盟休校は全国的に続々と広がり、休校のない学校がむしろ例外的であった。休校は左翼学生が主体となって、選手制度・応援団の廃止、学友会改革、寮の自治制度の要求、思想事件に対する生徒処分の抗議など、さまざまな名目でおこなわれた。

当時の高等学校の雰囲気について、たとえば松本高等学校の名物教師であった「蛭さん」こと蛭川幸茂の例を挙げてみよう。蛭川は、数学の教師をしながら、陸上部の顧問を務め、バンカラ文化の象徴的人物であった。思想とは無縁で、自身も陸上競技に明け暮れ、新興の松高をインターハイで優勝させた。運動一筋の「蛭さん」の行く手を彼のいう「共産党」が妨害しはじめた。近くの新潟高等学校の影響を受け、「選手運動反対」「運動の大衆化」「校友会費値下げ」のビラが配られたのを皮切りに左翼運動が出現した。応援団廃止、選手制度廃止、学友会費の運動部優遇の批判など、選手と一般学生の対立を左翼学生が煽り、陸上部が学内階級闘争の標的になった。「左翼支持の同僚」もおり、学友会や学校の運動行事に「共産党」が口を出し、部活に支障が出た。「一人前になる為には、運動部に入って心身を叩きあげねばならん」という確信をもつ蛭川にとって、「松高共産党」は「闘争の実習場とする商売人」であり、自身の人生観をかけ、死闘をおこなったという。[31] スポーツ一筋の奇人「蛭さん」でさえ政治を意識せざるを得ない状況に追い込まれたのであった。当時の左翼運動は、高等学校の伝統的文化を根本的に否定した。師弟の絆、運動部のバンカラ風、街の人々との交流を階級闘争の名をもって覆してしまうものであった。[32]

高等学校におけるマルクス主義の流行は、思想への共感そのものよりも、寮生活でのストームに象徴されるように連帯意識や仲間はずれになるのが嫌だという同調圧力が背景にあった。また平等意識が広まるにつれ、陸上部などの選手制に批判が向けられた。騒動の原因は学校の方針や校長の人柄への批判であった。そもそも上の世代の権威に反抗しがちな青年にとり、マルクス主義は格好の大義名分であった。教育現場における教師の統制が私的反感でなく階級支配や封建制で説明された。教育社会学者の竹内洋が「保守派教授は、学識いかんをとわず、無能で陋劣な教授に見られがちだったし、左派に同情的な教授はそれだけで話のわかる良心的教授だった」、「マルクス主義や社会主義は雰囲気や空気（時代の大勢）となってキャンパスの象徴的暴力となったことも否定できない」[33]と指摘する状況があった。一高生であった丸山真男の目に映ったのは思想善導教授としての河合の姿であった。国家権力の走狗と見られたことは想像に難くない。

河合は、当時について「あの当時マルクス主義者たることは、さまで難事ではなかった」とし、「単に論壇や教壇でマルクス主義を口にすることは、それが多数者の傾向に合致していた」と振り返った。「「流れに抗して」少数であったのは、寧ろ却ってマルクス反対の思想家及び学生であった」と回顧した（「吾が書斎より」⑳四一）。戦後の歴史学では、教育現場における「暗い谷間」を語っても、「赤い三〇年代」の異常な知的状況に触れることは少ない。

学園の左翼運動は、河合の身辺にも影響を及ぼしていた。府立三中の恩師であり、新潟高等学校の初代校長であった八田三喜は学生のストライキで辞任を余儀なくされた。八田は、中学生時代の河合を「自分の意見をはっきりという弁論の雄であった」と評価していた。[34]河合は息子の進学について相談をしたり、新潟出張の際に寄ったり、後に筆禍事件で有罪となった後にも会ったりと親しくしていた。八田は自由主義的教育者として知られ、一三年もの間、新高の「自由・進取・信愛」の校風形成に努力していた。よく酒を呑み、学生と議論をし、彼らの世話をした校長であった。たとえば入学式の訓示で「自由の何物であるか、いかに尊いものであるか」を説き、「高等学校生活の間に真の友達をつくることが、これからの人生にどんな関係があるか、もしこの時代に真の友達をつくることができないような人は人生にも失敗するだろう」との趣旨のことを述べていた。[35]学生の抑圧者どころか、保守的な新潟の地では「赤い校長」との評判も立ったほどであった。[36]

新潟高等学校は、左翼の影響を早くから受け、一九二八年には全国に先駆けて選手制度や校友会を廃止し、他校に運動を拡大していた。また小作争議や工場の同盟罷業を支援する実践活動もさかんで、一九三一年には左翼学生の処分問題をめぐる「一月ストライキ」に加え、新聞社の学校グラウンド使用をめぐって学生が籠城する「七月ストライキ」が起こり、八田の辞職のきっかけとなった。[37]当初、学生の道を踏み外さない限り運動に同情的であり、選手制度廃止要求に際しても、自ら廃止の決断をしたが、[38]運動の急進化につれて八田の自由主義は受け入れられなくなった。辞任を無念に思っていたことは、河合の思想善導活動について「昭和初年、マルクス主義華やかなりし頃、その自由主義の立場から単身、これに切り込んで行った姿に私は心中拍手を送った」と回顧していることからもわかる。[39]河合の思想善導活動も学生の反発が強く、苦労したと想像できる。一九三〇年一一月二五日に大阪高等学校で、自由主義の講演終了直後、その会場がそのまま、特高に逮捕された学生救済のための同盟休校のアジテーションに利用された事件もあった[40]。

河合は、教師の立場からマルクス主義を批判した。「自分の受け持っている学生の思想問題を取り扱う時ほどに凡そ教育家の智慧と愛とを必することはない」と考える中で「個々の学生に就いて、いかにすれば既に入ったマルキシズムから引き離すことが出来るか、又或いは将来それへ引き入れられることから、いかに防ぐことができるか」ということが、教師としての課題であるとした（「教育とマルキシズム」⑯八七‐八八）。また、多数の前途有為な若い学生がマルクス主義の虜となり、共産主義の非合法活動に乗り出し、悲惨な境遇に陥ったことを嘆いた[41]。

マルクス主義批判を始めた契機は、一九二八年一月の七生社事件であった。左翼となった新人会が弁論大会で組織的に演説妨害をしたのに対し、右翼の七生社が演説会で暴力を振るった。当時の『帝国大学新聞』をみると、「遂に流血の惨を見て学園の権威地に墜つ」、「暴力跳梁して恐怖時代来る」と七生社に批判的であり[42]、また江上、松井による河合の伝記においても、七生社の暴力に対して言論の自由をもって諭したと記している[43]。しかし河合は左翼学生にも批判的であった。事件前の学内について「当時東京帝国大学に於ては、自由過ぎるほどの自由が、マルクス主義者に与えられていた」、「マルクス主義は順風に帆を揚ぐるの勢いを以て、思慮なく反省なしに学内に活動していた」、「大多数の人々が胸に反感を抱いていたに拘わらず、彼等が之に気付かずして止まる所を知らなかった」と振り返る。そしてこの事件は「大学に於ける思想史上に一転機を劃した」とし、「今までマルクス主義者の行動に不満を抱いていた多数の人々から一斉に反抗の声が揚げられ」、「マルクス主義者を抑えよと云う要求が圧倒的の多数を以て大学に瀰漫した」といった（「大学の自由とは何か」⑮一三三）。

河合は、マルクス主義運動が高揚する学園の状況を危惧していた。学問についてその価値が論じられる以前に階級闘争の道具とみなされ、反動的とか小ブルジョワーなどの投げ言葉で批判された。学園は「政治闘争の巷と化し」、「静かな研究と教育の場所でなくなって、憎悪と反抗との修羅場と化した」のであった。マルクス主義の研究と発表を認めるが、マルクス主義者による「学園の撹乱」を断固否定した（「大学の自由とは何か」⑮一三二）。

同年の三月一五日に左傾学生の一斉検挙がおこなわれ、大森、山田助教授が辞任に追い込まれた。その後、一二月に『中央公論』の編集者雨宮庸蔵から自由主義を基調にしたマルクス主義批判の論文を執筆するよう依頼された。「激流に戦う」との当初の表題を雨宮の一存で「マルクスより出でてマルクスを克服するもの」との仰々しい題で、翌年一月号に掲載された。経済学部内でこの題名が話題になった。[44] この論文で「吾が学界はマルクスの徒にあらざれば、人に非ざるが如く思われて、歩むに肩身が狭きが如く思われた」、「マルクス、エンゲルスを語るという単なるその故に新進の学徒とされ有望の思想家とされ」たことが逆に世間で「反動の空気が横溢している」状況を招いたとする。この取締りでマルクス主義が停止したとし、「現下の反動にいかに対すべきか」警戒をしていた（「マルクスより出でてマルクスを克服するもの」⑲八二、八四）。この年、「今は起って反動と戦ふの時」（『帝国大学新聞』四月二三日）、「大学における自由主義の使命」（『改造』六月号）と反動の動きを警戒する論説を発表していた。

しかしマルクス主義は依然根強かった。辞職した大森義太郎は、翌年『文藝春秋』に経済学部教授会の内容を暴露し、各教授を攻撃揶揄する評論を連載した[45]。学外の政治運動との結びつきが河合の怒りに火をつけた。「大学の本質は学問の研究と教育をなす社会であって実践を為す場所ではない」、「教授がその職務以外の活動に於て為したる結果に就いて、大学は自己の問題として取り挙げる理由もなければ、同僚教授は身を挺して之を擁護すべき義務もない」との主張は、大森が念頭にあったと想像できる（「大学の自由とは何か」⑮一二七[46]）。思想善導のために全国の高等学校を廻り始めたのは、この年からである。

河合は、同年に大森を批判する「嫌悪すべき学界の一傾向」と題する論文を出し、一九三〇年における森戸辰男との「大学顚落」論争に発展した[47]。この論争について「元来論争に興味をもつものでない、しかも敢えて筆者を駆ってこの渦中に投ぜしめるものは、近時頻発する大学に関する無稽の誹謗に対する公憤である」と執筆動機を表明していた（「大学の運命と使命　再び森戸辰男氏に答う」⑮八三）。議論は、学園とマルクス主義との関係を対象にしていた。森戸はマルクス主義の立場から、大学がブルジョワ階級の利益に立つことで、新興科学の研究の自由が狭められ、研究者が追放され、「大学顚落」は必然とする。大学の運命を決定づけるのは社会的条件であり、「大学顚落」を防止するには社会変革が必要である。そのためマルクス主義学者の実践活動を容認した。

河合は、大学とは学問教育の機関であり、そこにおいて宣伝、脅迫、闘争は許されないとする。学生が社会運動に従事することは許されない。研究の自由はあっても闘争の自由はないと論じた（「大学の運命と使命　森戸辰男氏に答う」⑮六六）。階級闘争史観を批判する中でマルクス主義者の道徳観にも触れていた。「現在の資本主義社会において、プロレタリアがブルジョアーに圧迫される事実のある限り、法則や習俗に対する抵触は毫も意とするに足りない」という道徳的堕落である。大森の暴露戦術はもとより、マルクス主義者の知的誠実性に疑問を投げかけ、「今日マルクス主義がそのイデオロギーを高調しながら、明日その学説を放擲してあれは虚偽であったといい切っても、資本主義社会の続く限りにおいては差し支えないことになる」と批判した（「大学の運命と使命　再び森戸辰男氏に答う」⑮八二）。この予測は的中し、後に相次ぐ転向現象としてあらわれた。

論争の時期、河合はマルクス主義者の攻勢の前に孤立していた。一九三〇年一一月には「マルキストが僕の先日の講演を妨害しなかったのは失敗であったとビラを撒いた」事件があり、「左翼の言論不尊重が段々と曝露されて来た」と感じた（「日記Ⅰ」㉒三一九）。また「自分がある意味で学内に於て又学界に於て転機に立っていることである。マルキストの憎悪の的になっていることである。強く、然し徒に争わずに歩もう」（「日記Ⅰ」㉒三一九 - 三二〇）と決意を記していた。

河合の属した学生思想問題調査委員会は、答申を出し、国民精神文化に関する研究・指導および普及をおこなう国民精神文化研究所が設置された。しかし、彼は国家主義的思想善導を強調する他の委員と見解を異にした。委員の蠟山政道とともに独自の報告書を出し、『学生思想問題』として一九三二年に出版した。自由主義的立場から思想善導を論じ、後の教養論の動機が伺える内容であった。

この著作をはじめ、学生思想問題についての見解をいくつかの雑誌で語っているが、共通しているのは、マルクス主義に批判的であるが、左傾学生に同情的であったことである。彼らについて「真正マルクス学生」、すなわち「マルキシズムを主義とし信条として採用している学生」と、「ルンペン＝マルクス学生」すなわち「マルキシズムに好意を表する付和雷同的の学生」を区別した。「真正マルクス学生」は、他の大半の学生が「確乎たる信条もなければ又主義もなく空々寂々として人生を送る徒」である中で「人を率いる」「大勢を指導する」「自覚した」学生であり、「相当の頭脳と人格」をもつ「特に優秀の学生」であった。問題は、そうした優秀な学生が左翼運動に走ることである。学生思想問題は、日本の文化史上において最重要問題である。高等教育機関の学生は「生活に窮乏していない」「理解力、批判力に於て、社会の最高分子となるべく期待される者」であり、彼らの思想は「将来に於ける社会の思想の動向を決定する」(『学生思想問題』⑫一五－二〇) ことから、真剣に取り組まねばならない。

マルクス主義の流行でとくに問題視したのは、道徳的頽廃であった。「マルキシズムが学生のエロティズムの傾向に援助を与えた」とまで言っていた(「現代学生とマルキシズム」⑮二二〇)。「エロティズム」とは道徳の欠如のことをさしている。唯物史観にもとづく必然論は個人の道徳的判断を無意味にする。「問題があってこれに対して善いか悪いかという場合、決然とした態度を執って反対か賛成かの規準をはっきりすることをしないで、兎に角なるようになるのだという宿命論的考え」が支配的になることを危惧していた(「マルキシズムとは何か」⑫二六一)。次章で触れるが、学生向けの諸著作において理想主義と自然主義をくどいほど比較し、後者を否定したのも経済決定論を論駁するためであった。

学生の道徳心を蝕むものとして、唯物史観に加え、階級闘争史観をも批判した。つまり、

「嘘を吐いてはいけないとか、人に対しては真実でなければならぬ」という道徳をブルジョワのつくったという理由で適用を拒み、自分勝手な行動を容認することにつながる。今の学生が「一旦約束をした約束を取り消すことや、しないと言ったことを直ぐして行くことや、ある問いに対して学生が答える答が、殆ど信用出来ない」ことを指摘した（『学生思想問題』⑫二六一‐二六三）。マルクス主義という大義名分によって、学生は虚偽を弄し信任を平気で裏切る。それは学内における自身の苦い経験でもあった。マルクス主義は学生を実践活動に駆り立てるだけでなく、階級闘争史観をもち込み、学校当局と学生を支配と搾取の関係に置き替え、人間関係を破壊するのであった。

先の論文「マルクスより出でてマルクスを克服するもの」では、マルクス主義者の「道義的生活の頽廃」を痛烈に批判していた。唯物史観によって現存の法律と道徳を「ブルジョアー階級の利益を維持する為の用具」とみなすことで、「プロレタリアとブルジョアーとは共にその前に跪くべき何等の審判をもたないこととなった」。その結果、「係争を解決すべき方法は、規範に求めるをえずして、唯力によるの外なきに至った」のであり、「不必要に闘争を激甚ならしめた」という（「マルクスより出でてマルクスを克服するもの」⑯一〇一）。そしてマルクス主義者における法律と道徳の否定、権力至上主義が政府の反動の契機になったことを示唆していた。

河合は、マルクス主義が流行する政治的背景として、社会的不安に加え、言論の自由が不十分で議会が完全に民衆の世論を反映していないことを挙げた。絶望の気分が社会に漲り、マルクス主義の無産者独裁や暴力革命という主張が受け入れられる。議会主義と言論自由主義の発達程度が、共産主義の勢力と反比例し、社会組織が発達せずに保守派の専制主義と言論抑圧主義が強い地域で共産主義は栄えるという（「現代学生とマルキシズム」⑮二一九）。議会主義と言論自由主義こそ、マルクス主義普及の防止につながる。反動による抑圧でなく自由主義的議会政の発展を求めた。

河合が左傾学生に同情的であったのは、社会改革の意識ゆえである。自身の若き頃の社会的関心に通じるものを感じた。自身の青年時代、社会問題を憂慮する学生は、改革原理としてキリスト教に惹かれていった。マルクス主義はそれに代わるものであった。

マルクス主義が青年学生に寄与した功績は二つあるという。第一に、同胞への関心を向け、社会公共のための奉仕に向かわせたことである。第二に好学の念を植え付けたことである。「あらゆることを統一的に説明して欲しいと云う原理を求める心理」が体系的な思想のマルクス主義に青年を向かわせた。「明治以来の教育は力を尽くして学生の好学の念を鼓吹した。而して今やその結晶がマルキシズムの如き極端なる体系への要求となって現われたと云い得ないか」とさえ問いかけた。社会同胞への関心と体系原理への探求は「あらゆる善き果実の熟し得る前提であり、予備条件である」と述べた（『学生思想問題』⑫二七）。竹内洋は、マルクス主義が「個人の内面倫理としての人格主義だけでなく、それをこえる社会や民衆のためにという正義や殉教の倫理と美学をもたらした」とし、「だから教養主義の内面化の強いものほど左傾化した」と指摘する。[48] 河合は左傾学生に同情するゆえに道徳の欠如を憂慮した。伝統的な教養主義や人格主義から逸脱する学生を嘆き、従来の道に引き戻そうとした。後の『学生叢書』の構想は、このような左傾学生問題への取組の中で醸成していった。

河合は、左傾学生の対応について、マルクス主義の取締りや反マルクス主義思想を宣伝することでなく、「如何に思想すべきか」の思惟的能力の養成、批判的判断力の涵養にあるべきと考えた。「自らの思想的独立を喪失していることが現代青年の病弊であり、懊悩の素因である」（『学生思想問題』⑫二四）ことに問題の根本がある。後年、マルクス主義を後の国家主義、日本主義とともに「憑きもの」にたとえて振り返っていた。雨後の筍のように続々出現するものの、「憑きもの」が引くと茫然として所在なしに苦しむという。[49] マルクス主義の文献を機械的・教条的に繰り返すだけで、自らの頭で考えないことが「憑きもの」に支配される原因とみていた。河合の演習では、マルクス主義の公式理論を振りかざす学生に向かって、自分の言葉で表現するように指導していた。その目的は学生自身の思惟能力の育成にあった。演習によってマルクス主義から転向した学生は多かった。

さらに学生思想問題の解決にあたって、「マルキシズムに代わるべきものを与えることに依り、マルキシズムを否定せしめることに在る」（『学生思想問題』⑫四一）と考えた。日本において社会不安のなかで、改革の思想、体系の思想がマルクス主義以外になかったことを遺憾とした。学生の社会同胞への関心と体系原理の要求にこたえられる思想を提供することこそ、自己の任務と考えた。それが「理想主義を哲学とする社会主義」であると言明していた（「教育とマルキシズム」⑯一〇一）。従来の理想主義哲学研究に加えて、一九三一年の「満州事変が起こった時分」からマルクス主義の研究にも本格的に着手した（『第二学生生活』⑰一八四）。思想研究は衒学的な関心でなく、社会改革とともに学生の教育と結びついていた。

〈註〉

1　土方成美『事件は遠くなりにけり』（経済往来社、一九六五年）一九六頁。

2　美作太郎『戦前戦中を歩む　編集者として』（日本評論社、一九八五年）二三九‐二四一頁参照。土方によれば、熾烈な販売合戦が展開され、日本評論社が劣勢であったようである。「両者の宣伝競争は熾烈を極め、小売店頭にはアーチを掲げ、大新聞紙上では一面広告でお互いに凌ぎをけづった。おしまいには、福田徳三博士が広告面でわたくしを学商といって誹謗されるという場面もあり、「円本合戦」として華やかな光景を呈したが、日本評論社の資金繰りは苦しそうで、遂に宣伝負けをした感がある。」土方、前掲書、二〇三頁。

3 『社会政策原理』が脱稿した七月一日に「永い苦労の本だった」とグリーンについての著作よりも苦労したとし、「之で何と云っても自分の仕事は一段落を遂げた」と記している（「日記Ⅰ」㉒三二三）。

4 波多野鼎（一八九六–一九七六）は東京帝大法学部卒業で新人会に加わっていた。一九二五年から九州帝国大学教授を務め、戦後、片山内閣で農相に就任した。後に民主社会党の顧問に就任したように、マルクス主義に偏してはいなかった。

5 波多野鼎「社会政策原論」『社会政策』（改造社、一九二九年）九六頁。

6 前掲書、九八頁。

7 前掲書、一〇〇頁。

8 河田嗣郎（一八八三–一九四二）は農政学をも研究し、一九二八年以降、大阪商科大学（大阪市立大学の前身）の創設に携わった。同郷の河上肇と親交があった。アメリカの政治思想史研究者フランシス・フクヤマの祖父である。

9 河田嗣郎『社会政策原論』（有斐閣、一九三四年）三〇頁。

10 前掲書、三六頁。

11 前掲書、八一頁。

12 今村武雄『小泉信三伝』（文春文庫、一九八七年）一〇六–一一〇頁。

13 河合は労働価値説の問題について「価値説として成立しうるか否かは、主として経済原論の問題である」としている。この説が「簡易平明であることと」、「資本主義の機構を説明するに便宜であると云う点で、その成立を希望するものである」という。小泉や土方による批判は知っており、労働価値説は「充分の彫琢の域に達してはいないと思われる」と留保をつけてはいる（『社会政策原理』③三八四）。

14 「座談会　河合栄治郎とその思想を語る」『社会思想研究』一九六六年一〇月号、二二三頁。

15 大内『経済学五十年』二一三頁。戦後、吉田茂が組閣の際、大内をはじめ、マルクス主義経済学者に入閣打診したことを見ても、その位置がわかるであろう。

16 前掲書、二二二頁。

17 当時、学生であった丸山は、河合の経済学に対する立場を次のように語っている。「経済学部の中では、河合さんは経済学を知らないと、よく悪口を言われていました。河合さんは、いわゆる経済学というのはボタン学問だというのです。ボタンを押すとヒュッと答えが出てくるという。あんなものは意味ない。哲学というか、思想と関連づけなければ意味ないのだということを講義でも言いました。経済学をあんまり知らないことを自認しているんですね。」松沢弘陽・植手通有編『丸山真男回顧談　上』（岩波書店、二〇〇六年）一五四頁。

18 前掲座談会、二二四頁。

19 前掲座談会、二一八頁。

20 前掲座談会、二一七－二一八頁。

21 丸山真男・福田歓一編『聞き書　南原繁回顧録』（東京大学出版会、一九八九年）一八七頁。

22 大内、前掲書、一〇三頁。
23 大内、前掲書、一六八頁。
24 竹内洋『大学という病　東大紛擾と教授群像』（中公文庫、二〇〇七年）七五‐九〇頁参照。
25 東京帝大にマルクス主義のもたらした混乱について、河合は次のように回顧していた。「［マルクス主義がもたらした］波乱は自然科学の学部は勿論法文の学部でも大して感ぜずに済ませた。だがその波乱を真面に受けたのは、経済学部であり特に東京帝大の経済学部であった。経済学が新興科学であった為でもあり、又マルクス経済学が人生観に基礎を置いていた為でもあろう、そこでは何々の学説が対立したのでなくて、人生観の根本が対立していた。日本の学会の狂瀾怒涛は、正に縮図として東大経済学部に現出していたのである。」（「教壇生活二十年」⑳一二二）
26 たとえば大森義太郎が土方を批判した「まてりありすむす・みりたんす」（『改造』一九二七年一二月号）について、土方は「悪意と憎悪にみちたあげ足取りと、悪罵によってつづられたものであり、おしまいには私を気違い扱いにし、資本家から金を貰ってマルクシズム批判をやっているかのように思わせる言辞を弄した悪口」であったと回顧した。土方、前掲書、一三五頁。河上肇と論争した小泉信三には脅迫状も来ており、護身に気をつけていたようである。小泉妙『父　小泉信三を語る』（慶應義塾大学出版会、二〇〇八年）六七頁。
27 大内、前掲書、六九頁。
28 林健太郎「マルクス研究の大先達」『小泉信三全集　第一〇巻　月報四』（文藝春秋社、一九六七年）四頁。

29　土方、前掲書、一九七頁。

30　竹内洋「「左傾学生」の群像」、竹内・稲垣恭子編『不良・ヒーロー・左傾　教育と逸脱の社会学』（人文書院、二〇〇二年）四三頁。

31　蛭川幸茂『落伍教師』（復刊『落伍教師』刊行会、二〇〇〇年）八五‐八七、一〇一‐一〇二頁。蛭川は、戦後、松高が廃止されると、新制大学の教授になることを嫌い、小学校の教諭となった。

32　竹内は、日本のエリート集団において旧制高等学校出身者と軍学校出身者の知的文化に乖離が見られたことを指摘している。竹内洋『学歴貴族の栄光と挫折』（中央公論新社、一九九九年）二六八‐二七五頁。もともと運動部のバンカラ文化は練成、自己規律など軍学校に共通するものがあり、当初から両学校の文化が異なっていたわけではない。竹内はその相違を高校が都市新中間層、軍学校が農民という社会的出自に主に帰しているが、前者において、配属将校を「ゾル」として排撃し、軍人的なものへの批判が決定的になったのは昭和初期のマルクス主義の影響であろう。

33　竹内「「左傾学生」の群像」四九‐五〇頁。

34　八田三喜「遥かなりわが教え子の肖像」、八田三喜先生遺稿集刊行会編『八田三喜先生遺稿集』（一九六四年）一九七頁（初出は『中央公論』一九六一年六月号）。

35　岩崎岩次「八田三喜先生の思い出」『八田三喜先生遺稿集』三二六頁。

36　大島清「「赤い校長」八田三喜」『八田三喜先生遺稿集』三一六頁。

37　「新潟高読書会事件のころ」、あんそろじい旧制高校編纂委員会編『あんそろじい旧制高校　第三巻』（国書刊行会、一九九三年）二六一‐二七六頁。左翼活動によって頽廃した校風を立て直したのは、「ゾル」と軽蔑された配属将校の池田廉二大佐であり、師弟のつながりは戦後まで続いた。池田の活動について中島欣也『破帽と軍帽　旧制新潟高校　ある師弟の物語』（恒文社、一九八七年）参照。

38　岩崎、前掲論文、三二八-三二九頁。

39　八田、前掲論文、一九七頁。

40　「大阪高ストライキ事件」『あんそろじい旧制高校　第三巻』一九四-一九五頁。

41　河合は、一九三四年四月の社会政策の講義の最初に「日本におけるマルクス主義の功罪」としてこの問題を挙げた。猪木正道『私の二十世紀　猪木正道回顧録』（世界思想社、二〇〇〇年）三八頁。

42　「暴力は国家のみ許される」『帝国大学新聞』一九二八年一月三〇日。諸教員も同様に七生社を激しく批判しているが、河合だけ「暴挙に至るまでには一縷の同情すべき点もある」と付け加えている。

43　江上『河合栄治郎』、一八七頁。松井『河合栄治郎』一六八頁。

44　雨宮庸蔵『偲ぶ草　ジャーナリスト六十年』（中央公論社、一九八八年）三一三-三一四頁参照。

45　事件の詳細については松井『河合栄治郎』一七二-一七三頁参照。後に河合が軍部ファシズムに抵抗したことから、右翼の暴力との闘争の始まりとして連続的に扱えないことはないが、河合の批判は左翼にも向いていた。事件を契機に七生社の学生で河合に傾倒する者も出ていた。

46　同年の八月一八日に、大森の評論について「こうした暴露政策は実に不愉快である。何とかせねばならない、どうするのが最良か、自分の活動すべき時が近づいたような気がする」（「日記Ⅰ」㉒三〇九）と記し、翌日には「自分にも毒舌を弄している。之で大森一派には完全に分離だ。そうして経済学部の難局を処理すべき時が近づきつつあるように感ぜられる」（「日記Ⅰ」㉒三一〇）と書いていた。

47　この論争の詳細については松井『河合栄治郎』一七四-一七七頁参照。

48　竹内、前掲論文、四四頁。

49　河合は当時を次のように回顧していた。「あの当時マルクス主義者たることは、さまで難事ではなかったのである。実践に出た共産主義者は暫く別として、単に論壇や教壇でマルクス主義を口にすることは、それが多数者の傾向に合致していたのである。「流れに抗して」少数であったのは、寧ろ却ってマルクス反対の思想家及び学生であった。その人々こそ少数者の試練に敲かれて成長したのである。マルクス主義者は口にこそ吾等の前途は墓場と牢獄だと云ったが、実感として用意はしていなかった。曾てのマルクス主義者と同じことが、今国家主義者や日本主義者のあるものに見出されるからである。英語にPossessedと云う語があるが、恰もそれに該当するような「憑かれた」者が、雨後の筍のように吾々の身辺に見受けられる。「憑きもの」が引いたら、定めて茫然として所在なきに苦しむことであろう。」(「吾が書斎より」⑫四一)

第三章

思想史研究者としての河合栄治郎

1　河合の思想史研究の特徴

思想史研究者としての河合栄治郎を端的に評するならば、粕谷一希の次の言葉が適当であろう。河合は「思想家として哲学的根拠を模索しつつ、社会変革の原理とその実践への情熱を燃やしつづけた」のであり、「河合の学問の明快さには弁論部的な大衆性があり、体系志向には繊細な領域を切り捨てる単純さがある」[1]という。

河合は、思想史を研究したが、社会変革原理の構築を念頭においた思想家というべき存在であった。そしてその思想は、体系化を企図したゆえに哲学の繊細な論理を切り捨てた部分があった。それは同時代における京都学派の哲学者などと比較すると顕著である。しかし、そのことがまた、議論の明快さをもたらし、彼の著書が専門家より、むしろ一般の人々に支持されることにつながった。

河合は思想を問う場合、相手に四つの問題を尋ねるという。第一に世界観である。哲学と言い換えることができる。第二に社会観である。現在の社会秩序をいかに考えるか。よいと思うか、悪いと考えるか、悪いと考えるならばその原因である。第三に社会に弊害があるとするならばその対案である。社会主義や社会改良主義などの政策である。第四に対案を実現する方法である。議会主義や革命主義という実現手段である。一般に思想を語るのと随分異なっている。思想とは社会改革の基礎となるべきものであった。彼の教育はこの四つの問題に対する考えを意識の下に引き出し、系統づけさせるものであった（「社会思想と理想主義」⑬五四－五六）。河合の思想は体系といえるほど広範にわたったが、思索の結果、実践があるのでなく、実践の関心が思索を深めていった。

河合は、数多くの自伝的文章を書き、自己の思想形成、その構成を詳細に発表しており、その点で、他に類をみない思想家であった。本章は、思想史研究者としての研究方法の特徴を探ってみる。そのうえで、研究の中心であったトマス・ヒル・グリーン（一八三六－一八八二）に関する記述をとりあげ、その問題関心の所在を確認し、河合自身の思想体系との関係を、政治思想の面から解明する。

河合の思想史研究について考察するには、同時代における思想史という学問の位置づけを前提にしなければならない。戦後しばらくの時期まで、社会科学研究において古典を読むことは、思想史に限っていなかった。思想系の文献講読が、そのまま政治学、経済学の研究として受け取られた[2]。古典研究は、政治思想史や社会思想史の研究に限られなかった。古典の選定は、個々の研究者が自己の学問をどのように理解・把握し、どのような問題関心を抱いているかによって、さまざまであった。

河合の研究は、一九世紀のイギリスの思想家の著作を題材にし、その分析をつうじて自己の思想体系を構築し、さらには社会的実践に生かすという意図の下でなされた。思想史を「人間の思索の記録であり、人間の発見であり、われわれ自身の発見」であるとし、それを読むうちに「われわれの内面は序々として調和統一されてゆく」と考えていた（『トーマス・ヒル・グリーンの思想体系』①三九）。研究とは自己研鑽のための知的作業であった。自らのグリーン研究について、「私はグリーン自身の思想を可能の限り彼れの言によって語らしめた積りであるが、而もどれだけがグリーンでどれだけが私であるかを不明にした嫌いがないではない」と語った序文はそのことを端的に示している。そして『トーマス・ヒル・グリーンの思想体系』の一九三八年の改装版序文（初版は一九三〇年）においては、イギリス思想史研究に一段落がつき、いよいよ本格的に自己の体系構築をめざすべく、「今日は相当にグリーンより脱しつつある自分を見出す」とし、独自の理想主義体系構築に向けた抱負を述べていた（『トーマス・ヒル・グリーンの思想体系』①八－九）。

研究者として注目されるのは、思想体系そのものよりも、自己の思想体系を意識し、それを構築しようとする計画性と旺盛な研究意欲である。[3]「学徒として最も重要なことは、すべての思想を根本から築き直して彼自身の独自の思想体系を所有すること」と断言していた。

それは「認識論から道徳哲学、社会哲学や社会思想に及ぶまで」の「統一した体系」であった（「一学徒の手記」⑮二七七）。晩年はこの思想構築のための孤独な作業に向けられ、裁判でさえその作業の一つと位置づけていた。[4]

このような思想史研究の特徴は三つある。第一に、思想家個人の問題関心を探求することを重視していた。「一人の特定の思想家を択えて、その人と共にその人の思想を体験するが如き過程を辿るに如くはない」と考え、思想を「その人の生活の記録であり、血と肉とも以て為された烙印」と考えた（『トーマス・ヒル・グリーンの思想体系』①三九）。そのため「一人の著作を殆ど全部読み通す習慣」をもち、「その人の伝記とその人の思想に対する後人の批判まで、網羅的に検べてゆく」という研究方法を採用した（「教壇生活二十年」⑳二三五）。思想家の人としての成長に関心をもち、その研究を「自己の内面生活の清算」にも役立つと考えていた。

思想史研究の著書『社会思想史研究』（一九二三年）を最初に発表した時期、日本での西欧思想史研究は、政治や経済などの特定分野の時代思潮を追うことに主眼を置いていた。たとえば、一九世紀のイギリス思想史を対象にした、河上肇『資本主義経済学の史的発展』（一九二三年）、小泉信三『近世社会思想史大要』（一九二六年）は、ある一つの思潮から、次の思潮への展開を論述するスタイルをとった。この叙述方法において、思想家は単に一つの思潮の一例に過ぎず、しかもこの思潮に適合するように、思想家の主張もその一部を抜き出すにとどまっていた。河合はこうした論述方法に不満をもっており、思想家その人の知的活動を歴史的に分析する方法を主張していた。そしてマルクス主義のようにイデオロギーとして思想を取り扱うことを「品物の如くに使用するもの」として批判し、「あれこれの思想は人の語るに任せたい」、「何よりも思想する主体たる人を、いかにすべきかが前景に髣髴として来る」と言っていた（「吾が書斎より」⑳四一－四二）。

第二に、イギリス自由主義に関心をもち、その基礎にある理想主義を探求した。日本の研究者として例外的に、欧米で多くの碩学と直接に面談を重ねていた。実際に接することによって、西欧思想の関心を深めただけでなく、生活信条に根差した自由主義原理を自己の思想体系の根本におくことになった。イギリスにおける河合は「社会に漲る道徳的基調」に注目し、「社会の輿論により、伝統的の道徳により、政府の命令により動くことなくして、常に自己の良心の判断によって動かんとしている」と、国民の「自己の内面生活の存在を意識する」態度に共鳴していた（『在欧通信』⑰三九一－三九二）。道徳哲学を基礎にして、マルクス主義や国家主義を、人格の観点から批判することにもつながった。

欧米の研究で依拠したのがダイシー（一八三五－一九二二）の『一九世紀英国に於ける法律と世論との関係』であった。ダイシーについて「私の後年の研究を決定する力を持った」、

「私は未だ曾て書を繙いてこれだけの感銘を受けた経験を持たない」と絶賛し、「自由主義を単に抽象的原理として扱うことなく、いかに当時の立法の条項に浸潤せるかを詳細に解剖した」ことを評価した（「一社会学徒の主問題」⑮二〇二）。ダイシーは一九世紀を、三段階に分けていた。最初が一八〇〇年から一八三〇年の旧トーリー＝立法休止の時代、次が一八二五年から一八七〇年のベンサム主義＝個人主義時代、この時代は自由放任を特徴としていた。最後に一八六五年から一九〇〇年の集団主義時代で、国家による社会への干渉のための法改正がなされていた。河合の研究は、ダイシーの立法段階史を思想史に換骨奪胎し、とくに後の二段階を功利主義時代、理想主義時代に分けて対象となる思想家を選別した。主に研究したグリーンは、理想主義時代の思想家であった。

第三に政治思想、社会思想を人間すべての知的活動の中の一部としてとらえ、基礎哲学とのつながりを過分に意識した。思想体系を構成するものとして、本体論、認識論、人間観、道徳哲学、社会哲学、そして社会思想と政治思想を挙げていた。そして社会思想もしくは政治思想と、基礎的な哲学体系との密接な連関を説いた。哲学をもたない政治思想、社会思想を批判するとともに、現存社会に適用することをしない哲学体系を批判した。[6] こうした体系志向は、思想家の知的活動全体への関心と連動していた。

ダイシーの著書によって「自由主義なる一個の社会思想が、如何に哲学と連携せる」ことを知り、ベンサムが「社会思想に接続して、人性論としての快楽主義と、道徳哲学、社会哲学としての功利主義を、その下部構造に建設した」ことを教えられたという（「一社会学徒の主問題」⑮二〇二）。グリーンに関心を抱くのも、ベンサムと同様、その社会思想の下に豊饒な哲学的体系を見出したからに他ならない。イギリスの思想家を「社会の問題に無関心でなかった」とし、「社会への問題への関心を持てばこそ、之を基礎付ける為に哲学の研究に専念した」と評価していた（「一社会学徒の主問題」⑮二〇七）。そして「哲学、社会、経済の思想に至るまで、おのおのが単一人に総合されているところ」をみてとった。これらの思想家の多くは「実務に従う一般人」で「己れ自らのための哲学」をめざし、「思想というもののすべてが総合調和している」のであった（『学生に与う』⑭九四）。他方で「日本の哲学者には実践的情熱がない」、「観照的素質の人が哲学に文学部に行く」（「研究ノート」⑳二四七）と、日本の哲学研究における実社会との乖離を批判していた。

思想研究の根本問題は自然主義と理想主義の認識論上の対立という。人間の意識が何ものかに規定されるのか、それとも先天的なのかということである。最大の区別が「アプリオリー」なものを認めないか、認めるかにあるというように、いささか図式的で単純化されていた。「西洋哲学史はこの両者の対立の図式」で理解でき、この解決が研究の軸であり、『社会思想史研究』、『社会思想家評伝』、『グリーンの思想体系』は、この対立をテーマとした私の思想家巡礼の記録であった」とまで言っていた（『学生に与う』⑭九四－九五）。この図式は哲学的研究から導き出されたというより、人格の成長と完成を人生の最高の価値と考える大正教養主義以来の道徳主義が、マルクス主義における唯物史観や歴史的必然論によって否定される状況に対抗したとみえなくもない。人格の価値は「アプリオリー」であり、他によって規定される存在であってはならないのである。

さらに経済学部に属する研究者として、社会科学の哲学的基礎を追求することに力を注いだ。『社会政策原理』において、一般に実務的学問とされる社会政策の下部構造に哲学的体系を置いて説明する独創的な試みをなしていた。[7] こうした体系志向、実践的哲学の追求は、体系的イデオロギーであるマルクス主義の流行によって、ますます強まった。日本に受容されてきたカント哲学が「実践哲学までも充分に説かれていなかった」状況で「今日まで哲学らしい哲学がなかった」ところに、マルクス主義の「通俗にして分かり易き哲学が侵入した」ことが思想の混乱状況を招いたという（「現代学生とマルキシズム」、⑮二一二、二一三）。そこでマルクス主義に対抗すべく理想主義哲学体系の構築を企てた。とくに道徳哲学を欠くイデオロギーに対し、道徳の哲学的位置づけを重視したのであった。

2　河合におけるグリーン研究

河合における思想史への関心は、実務経験をつうじて、自由放任主義と国家介入の関係を考察する中で生まれた。[8] 後の公判で自己の思想構築過程を詳細に論じていた。それによれば、農商務省の工場監督官補として工場法の実施に携わるなかで、多くの役人が「皆労働者の味方である」にもかかわらず、「国家の為には労働者は暫く我慢しなくてはならぬ」ということで、労働者に不利な規定がつくられたことが、国家と個人について思想的関心を抱いた契機という。当時、社会立法にあたって「個々の人間に譲歩をさせる国家というものがどれだけの意味があり、どういう論拠で国家にそれだけの存在理由があるか」を突き詰めることにこだわっていた。

そして、官僚時代に派遣されたアメリカで、英米の個人主義、自由主義に関心をもつようになった。第一次世界大戦の末期であったが、「英米に於て漲っている自由主義の風潮が私をして自由主義はまだ世界に生き残っているという感じを懐かせて、進んで自由主義を根本的に研究しようという気を起こさせた」という（「公判記録」㉑三八）。

大学で教鞭をとる身となって、思想に対する関心は、学問的研究となり、自分の思想体系を確立するために思想史を探求した。「自由主義を根本的に研究しよう」、「自由主義者が持っておった思想体系を細かく調べていって、それでよろしいか、自分はそれで不満足ならば何処に欠陥があるかということを検討しよう」と考え、アダム・スミス、ベンサム、ミルというイギリス思想史研究に着手した（「公判記録」㉑三五）。

同時代においてさまざまな社会問題が生じ、反動としてマルクス主義や国家主義という極端な革命的イデオロギーが台頭していた。これらに対抗できる自由主義の構築をめざした。「ベンサム、ミルと経てグリーンに発展した自由主義は、日本のごとき国に於ては依然として必要であり、自由主義は古い思想であるなどとは非常な誤りである」と考えながらも、「自由主義の一部である経済的自由主義は維持すべからざるもの」とした。そして「自由主義で残るべきものを残し、自由主義で駄目なものを変えるということから自由主義と社会主義との有機的連関ということを考えるようになった」という。「自由主義は自らの中から社会主義を導き出さねばならない」のであり、それによって同時代の実践原理となるのであった。

こうして取り組み始めたイギリス思想史研究の中で理想主義に出会い、「私の要求にぴったり立っているのだということの確信を得」、グリーンに傾倒した。この思想家は、主著『政治的義務の原理』で、個人の国家への服従根拠を論じ、国家の倫理的性格を説き明かしていた。これは、まさに河合が官僚として抱いた思想的関心に応えるものであった。さらに労働者の精神的変革をめざした活動に従事したグリーンは、彼の琴線に触れるものがあったのではないか。グリーン研究において「私自身を反省して、略々私の思想体系をその時に作り上げた」と回顧した（「公判記録」㉑三八―三九）。

以上のような研究動機もあって、河合の研究は自分の思想体系構築という目的に沿ったものであり、対象人物の思想を客観的に解明したと言い難いものがある。問題関心をある程度共有する社会思想はともかく、その基礎となるべき哲学・倫理学の解釈において、自身の体系的視点が加わっていた。

河合はグリーンだけでなく、思想家の思想体系を過大評価する傾向がある。木村健康が全集の解説で指摘するように『トーマス・ヒル・グリーンの思想体系』は、彼が読み取った体系であり、グリーンがこの著作のような体系を提示したのではなかった（「解説」②四二八）。認識論にはじまるその哲学と政治的議論が本当に理論的に一貫し、必然的関係にあるとは限らない。日本におけるグリーンの先行研究と異なり、倫理学・道徳哲学からでなく、その政治・社会的議論についての関心から出発した。[9] 具体的議論から演繹して、しかも体系を強く意識してグリーンの倫理学・哲学を解釈し、そこから社会思想を再構成した。その方法は独自のものであった。グリーンの思想を体系的に説明するにあたり、自身の分類をもとに整然と章を立て、ドイツ哲学の視座を援用した分析をほどこした。[10] イギリスの思想家において

「一人格が一体系を構成すること」を評価していたが、「一応の鳥瞰図を把握して、然る後独逸哲人の深さを以て補う必要がある」とも付け加えており、ドイツ哲学の補足をつうじて、グリーンの思想に独自の解釈が加わったといえる（「一社会学徒の主問題」⑮二〇六、二〇七）[11]。

その最たる点は、倫理学者の行安茂が強調するように、宗教論に正当な関心を払わなかったことであった[12]。このことは、グリーン哲学の基本理解にかかわる問題であるとともに、河合が生涯にわたって追求してきた「人格の完成」の性格を規定した。グリーンにおいては「神的原理（divine mind）」が人間に一定の能力を付与して、実践活動に至る。しかるに河合の場合、人格は最高価値、絶対価値で、目的それ自体であった。人格とは、真・善・美を統一した主体であり、これが知識的・道徳的・芸術的活動の理想を提示し、それらの理想を実現することこそ最高善であった（「個人成長の問題」⑱一八）[13]。そして教養とは、理想の人間となるための成長と発展をめざす「最高善への努力」であった。ミルの訳者でもある伊原吉之助が、河合における「何もかも「人格の成長」という最高価値に結びつけてやまぬお節介」が青年を引きつけ、反発させたと指摘するように[14]、ドイツ観念論でなじみの真・善・美の概念を掲げ、それらを目標としたさまざまな活動のために開放された「人格の完成」論は、青年の自己完成の知的要求に結びついていた。

グリーンの唱える「人格の完成」とは神の完全なる状態であり、人間はその理想を目指して努力するが、「神的原理」なくして到達不可能であった。他方、河合の「人格の完成」は「神的原理」から切り離された理性によって実現される。そこには最高存在に対する人間の謙虚性はみられない。こうした「人格の完成」と神を切り離した議論は大正教養主義に見られる。最高存在を語ることがあっても汎神論であり、神の存在は語られない。河合の「人格の完成」論もこの系譜に属する。さらに自己流の人生観を付加していた。「人格の完成」に向かう、現世での人間の積極的行動を賞賛したのである。行安は、河合における「人格の完成」のための推進力として「功を己れに帰する自負心」を見出している。[15] それは、神の前に被造物としての人間の謙遜を求めるグリーンと異なり、自身の強いパーソナリティを反映したものであった。「偉い人」、「善人」とは「性格の強い人」、「なすべきことをなし、いうべきことを発言する人」であった。[16] 強き性格を称揚していたのである。「自我の焦点が明白であり、単一である為に自我が統一され、全精力が集中されている」ゆえに人格の実現に邁進する。しかるに弱き性格は「最高善を正しく把握する努力さえも覚束ない」という。「悪とは消極、否定、弱さ、萎縮、沈滞」であった（「個人成長の問題」⑱一八）。河合の「人格の完成」論は自己研鑽を永遠の課題とし、運命に敢然と立ち向かう動的理論であった。[17] 伊原のいうように血気盛んな青年に訴える思想として魅力的であった。

さらにグリーンの宗教論を解釈するにあたって、その理神論的側面に注目し、個人に内在する理想の自我を神とする「内在神学」を強調していた。それは自身の哲学的関心を反映していた。河合の拠る理想主義において、人格とは最高の存在であり、それは「アプリオリー」なものであり、他に従属することはない第一原理であった。神とは「理想の自我を現実化したもの」、「充全に実現した人格性を客観化したもの」であって、「神には真、善、美が実現され」ていた（『学生に与う』⑭一五三）。「聖なるもの」として崇拝する対象であるが、神は人間活動を理想化したものであり、救済、摂理の要素はみられない[18]。神による人格への何らかの働きかけを認めることは、人格が「アプリオリー」であることと矛盾すると考えられたのではないか。グリーンに見出した内在の神は、理性に従属するとさえ解釈可能であり、その存在は抽象的かつ希薄であった。自然主義と対抗する理想主義を提示するために、グリーンの人格論を世俗的に再解釈したとさえいえる。

このようにキリスト教的要素に触れることを避けたことは、社会思想の解釈にも影響した。グリーンにおける善の概念について「宗教に於て愛の生活に重きを置くことが、彼れの道徳哲学に於て、善が社会的たることと密接に関聯する」と指摘し、「彼が余りに善の社会的たることに重要性を与えるのに不満である」、「基督教と独立した立場に立って善悪を再吟味する余地があるのではないか」とまで言っていた（『トーマス・ヒル・グリーンの思想体系』②二五四）。キリスト教倫理を社会原理として適用することに対しての不満である。

またグリーンの道徳哲学が「余りに社会的なる」ことを遺憾とし、「人格完成がいかに社会制度に関聯し、いかに社会制度に関心すべきかを説くのに急である」と批判した（『トーマス・ヒル・グリーンの思想体系』②八八）。グリーンは社会的善をつうじて、河合のいう道徳哲学と社会哲学を結びつけていた。この善とはキリスト教原理に基礎を置くものである。他方、河合は社会的善でなく、個人道徳を基点としていた。

3 「公共善」と河合の理想主義体系

河合の見解は、グリーンの政治理論における主要概念である「公共善（common good）」（共通善）の解釈に影響をもたらした。『トーマス・ヒル・グリーンの思想体系』では「公共善」が市民の国家権力への服従の基礎であり、また国家活動の根拠であると説明していたが、それがいかに「人格の完成」という最高善とつながるかについて明確な解釈はなかった[19]。グリーンにおける「公共善」を「他人に対する関心」、「他人が真正なよき人となることに対する関心」で「自己の完成の内容を為すもの」とした。そして「人に真正に善ならんとする欲求があることにより、その善の内容として他人の善なることを要求する」という（『トーマス・

ヒル・グリーンの思想体系』②一六八―一六九）。中心はあくまで個人である。こうした説明を見る限り、個人の自己完成と社会的・有機的につながる「公共善」固有の意義を評価しているとはいいがたい。河合の一般啓蒙的な著作『社会思想家評伝』では、グリーンの思想紹介で「公共善」についての言及はない。自我の実現の中に同胞の成長をも含むものとして説明していた。個人主義の中に他者への配慮を読み取るのであり、「公共善」そのものの価値を果たして認識しているか疑問である。

グリーンは「公共善」を個人相互の依存関係、連帯関係、協力関係の基礎であることを著作の中で強調し、それらの諸関係が社会の形成につながることを説いたが、この関係について重視していない。むしろ、グリーンの「視野が国家、法律、権利等に限局されていた」ことを遺憾とし、階級、労働組合、消費組合などの「経済社会」に触れないことを欠点としていた（『トーマス・ヒル・グリーンの思想体系』②四一六―四一七）。グリーンは「公共善」がなぜ社会の紐帯の基本となり、普遍的存在であるのかを、スピノザ、ホッブズ、ロック、ルソーなどの学説を踏まえて説明したが、河合は「公共善」のもつ思想史的文脈と無関係に、個人の理性の働きのなかに「公共善」を解釈しようとした。

ここでグリーンの議論を確認してみる。彼は、諸思想家が「我々の行動を規制する政治社会の権力」を、一方で「あまりにも抽象的な方法で考え」、他方では「それが支配する臣民、すなわち道徳的性質や人間としての権利をもった個人」と対立させたことを批判した。[20] 社会契約論者は、国家と個人を抽象化し対立した存在ととらえた。彼らが批判されるべきなのは「最高の強制権力によって規制される共同体以外について説明せず」、その強制権力と個人をそれぞれ独立した存在として対峙させたことにあった。[21] グリーンは、国家において、強制権力と離れた精神的結合関係をみようとした。「公共善」こそが、個人を社会的に統合するものであり、権力的統合とは別の紐帯関係の基礎であった。こうしてみると河合はグリーンの「公共善」のもつ精神的統合機能について、十分な関心を払っていたとは言いがたい。個人における「公共善」の意識が「アプリオリー」であることに注目し、社会契約説や功利主義の自然主義的性格を批判したことを評価するにとどまっていた（『トーマス・ヒル・グリーンの思想体系』②三〇〇－三〇九）。ここにも自然主義と理想主義の二元論が影を落としていた。

こうした視座は、グリーンの主張に多元的国家論の萌芽を読み取ったことにも関係する。グリーンが「国家の特質を以て強制権力にありとはしない」、「国家と他の部分社会との差異は狭められる」として、「最近の多元的社会論者と霊犀相通ずる」と解釈していた（『トーマス・ヒル・グリーンの思想体系』②三一八）。しかし、個人が「公共善」のために従っている国家において、その強制力が重視されないのは当然であり、多元的国家論を受け入れているわけではなかった。そもそもグリーンの考える国家とは、強制権力の有無にかかわらず、「公共善」による精神の結合なくしては不可能な存在であった。「公共善」を政治社会の基礎と見ており、「それなくしては、どのような人々の集団においても、共通に服従を求める権威を認めない」と言っている。[22]

河合は、グリーンについて「統治権も公共の善の意識の表現なりと云いつつ、然も尚強制権を伴わざるところの説明の不十分さ」、「強制権を充分に説明しえなかった所に遺憾がある」というが（『トーマス・ヒル・グリーンの思想体系』②三二一）、この指摘は、グリーンの「公共善」を核とした理想主義的国家観への正当な評価とはいいがたい。

グリーンの国家認識とのずれは、河合の理想主義体系における、政治権力による統合作用の位置づけにも反映していた。多元的国家論の観点から、全体社会としての〝国民〟または〝祖国〟と、部分社会としての〝国家〟を分けて考え、後者の〝国家〟に強制権力を認めた。〝国家〟は、人間の利己心が他者の人格成長をさまたげることに対して強制権力を行使する。この「命令強制権力」が人格成長のために必要であるゆえに「国家存在の道徳的根拠がある」とされる（「公判記録」㉑六〇、六三）。

他方、全体社会としての〝国民〟に、〝祖国〟を共有するという非権力的社会結合を見出したが、部分社会の〝国家〟における権力的政治統合をも「人格の完成」という個人の道徳的原理から導き出そうとした。そして自身の唱える社会主義の実現のため、生産手段の公有をつうじた〝国家〟の機能拡大をも「人格の完成」のためとした。[23] その社会主義は相当程度国家からの強制や規制を個人に加えるが、はたして「人格の完成」ですべて正当化できるのか。マルクス主義は国家権力に階級的利益を、国家主義はそれ自体に至上価値を見出す中で、「人格の完成」原理は、国家権力の根拠をどれだけ十分に説明できたのであろうか。国家の強制権力を道徳的に正当化するとの批判を左翼から受けるとともに、個人の自己完成の道具的手段として国家の存在と活動を認めるにすぎないと右翼からの批判をも招くものであった。

「人格の完成」のために国家権力による強制を認める社会主義と、個人の内面的生活への国家権力の介入を拒否する自由主義は微妙な均衡の上にあった。「人格の完成」と国家権力の関係は抽象的ではっきりしないものであった。もともと個人から出発する河合の議論は、国家や政治は補助的にならざるを得ず、しかも宗教という永遠の価値を背景にしていないことに政治論として脆弱性があった。

法学部の同僚である政治思想史研究者の南原繁は、河合と同様に、真・善・美を「本源的価値」「それ自体目的たる絶対価値」としたが、それらに加え、政治的社会的価値として、正義を加えた。政治を道徳的人格価値の延長と考えていた河合に対し、南原は政治固有の価値を強調していた。[24] さらに南原は、河合を意識してか、イギリス自由主義の根本的限界として、国家が「個人の道徳的価値の基礎づけ」であっても「人間の政治社会関係それ自体の原理的究明でなかった」点を指摘した[25]。この点こそ、河合が社会思想家といわれても政治思想家といわれない理由でもある。全体主義イデオロギーのもつむき出しの権力志向、あらゆる諸価値を階級や国家の下に統合させようとする政治作用に劣勢を余儀なくされたのも、こうした哲学的前提と無関係ではなかろう。このように河合のグリーン解釈と自身の理想主義体系のもつ問題は直結していた。

〈註〉

1　粕谷一希『戦後思潮　知識人たちの肖像』(日本経済新聞社、一九八一年)三一頁。

2　福田歓一「日本における政治学史研究」、有賀弘・佐々木毅編『民主主義思想の源流』(東京大学出版会、一九八六年)二八二―二八三頁。

3　亡くなる一年前の一九四三年の一月一三日には「自分は理想主義体系を終えるまで(六十三歳頃)石に齧りついても生きたい。然もそれは理想主義の為に生命をも捨てることを妨げてはならない」との壮絶な決意を示していた(「研究ノート」⑳二四八頁)。

4　出版法違反の裁判をも自己の思想体系の形成に貢献するものと考えていた。上告棄却後の激励会の席で「自己の従来気づかなかった思いがけない所を訊問されて、自分で自分の思想を自覚させられ意識させられ」、「唯私の思想を反省し意識して、その内容が豊富になったこと、之に対する自信を強めたことは、全く六年の取調べの恩恵でした」とまで発言していた。（「六年間の回顧」⑳二一三-二一四）。

5 英独の思想家を並べて論じた『社会思想家評伝』で、人物中心の思想史研究の意義を強調して、次のように述べていた。「人に関心をもたない人の多くは、自己の課題を始めより特定して、その課題に対する解答を諸々の人より探らんとする。然しいかなる課題を持つべきかを最先の課題とするものは、人に関心を持たざるをえない。蓋し先人の抱いた課題を探ることは、自己が何を課題とすべきかに貴重なる示唆を与えるからである。私は多くの人が始めより自己の課題を特定しているのを見て、尠からず不安を感ぜざるをえない。何故ならばその課題は自己の主観的な偶然性により与えられたか、或いは自己ならざる周囲より流行的に与えられたに過ぎないものが多いからである。」（『社会思想家評伝』⑦九）

同じ小野塚喜平次門下の政治学者今中次麿（九州帝国大学教授）は河合と違い、個々の人物の思想や学説を掘り下げるのでなく、純粋な思想史体系を構築する方法を採っている。「政治の古典に没頭―いわゆる〝遍歴〟は私にはない」『今中次麿　生涯と回想』（法律文化社、一九八二年）三六-三七頁。同門の南原繁も同様であり、河合の手法は例外的である。

6 河合は公判で「日本の思想界に於て、一番上の社会思想、政治思想を持つ者は哲学の体系を持たない。下の方の哲学の体系を持つ者は、それを現存社会に適用することをしない」と評し、「社会思想と哲学とが分離しているというのが日本の思想界の一般の風ですが、私はそれに対して全体系を持たなければならないという風に考えた」と発言していた（「公判記録」㉑四四）。

7 しかし、「哲学というものとは依然として無縁で」、「これが私の弱点だと考えていた」、「弱点だからいっそう補足せねばならない」という動機で始めた哲学研究が学問的にどの程度緻密なものであったかには疑問がある。哲学への関心のはじまりは、当時、教養主義の代表的文献といわれた阿部次郎の『三太郎の日記』とそこで紹介されているリップスであった（『学生に与う』⑭九一）。

8 河合は、「役人生活に於て社会政策の立法に従事しながら、社会政策の基礎として社会思想史、社会哲学を研究したいと思っていた」と回顧していた（「教壇生活二十年」⑳一二三）。

9 日本におけるグリーンの受容においては、次の文献を参照。行安茂「日本におけるT・H・グリーンの受容とその諸相」『イギリス理想主義の展開と河合栄治郎』（世界思想社、二〇一四年）一八二―二四二頁。

10 『トーマス・ヒル・グリーンの思想体系』では、認識論、欲望論、道徳哲学、宗教論、社会哲学、社会思想に分けて論じていた。その主な典拠であるグリーンの著作は『政治的義務の原理』と『倫理学序説』の二冊であった。

11 粕谷一希は「河合栄治郎の思考形式や体系志向には、なぜか英国風の経験論の色彩よりも、ドイツの学問の色彩が強く投影している」とし、「この英国的なものとドイツ的なものの一種独特の相克であり、融合」が近代日本の思想史のなかでの河合の特異な位置があると指摘する。粕谷『河合栄治郎』四四頁。

12 行安は、グリーンが「永遠意識あるいは神的原理が人間の内に再現し、理性および意志を動かす」

と考えていることを指摘し、宗教が道徳の実現、社会の成立に密接にかかわっていたとする。そして、河合にこの点の認識がないとしていた。行安茂「河合栄治郎とイギリス理想主義」『近代日本の思想家とイギリス理想主義』（北樹出版、二〇〇七年）一五七－一五八頁。

13 この観点からグリーンが自我の説明において、芸術に於ける自我に触れなかったことに不満を表明していた（『トーマス・ヒル・グリーンの思想体系』②四一五）。

14 伊原吉之助「戦後世代と河合栄治郎」（「月報」㉑三－四）

15 行安、前掲書、一七二頁。

16 行安、前掲書、一七六頁。

17 このことをよくあらわしているのが、次の行安の河合評価である。「現実の自我には理想であるところの「人格の実現」に向かって刻苦奮励努力する。これは「永遠の彼岸」に向かっての限りなき闘いである。そこには心の安らぎは感じられない」。行安、前掲書、二〇四頁。ただし、キリスト教徒でない河合は「永遠の彼岸」を到達可能と考えていたのではなかろうか。

18 カントの宗教哲学についての河合のノートでは「イエスの復活と昇天に関する説明を文字通りに解すれば、唯物論になる」との記述があった（「研究ノート」⑳二六一）。

19 むしろグリーンが善の説明において「公共善」に重きをおいたことに不満であり、次のように述べた。「善とは公共の善を図るに在りと答えるに止まって、可能なる自我が本来グリーンに於て、より豊富なるより複雑なものであるべきを、遂に一社会改革の原理たるに止まった。」（『トーマス・ヒル・グリーンの思想体系』②四一五）。

20　T. H. Green, *Lectures on the Principles of Political Obligation, and other writings* (Cambridge U.P., 1986), § 113, p.89.

21　Green, § 113, p.89.

22　Green, § 98, p.79.

23　公有化の過程において、強制権力の適用をも個人の発展と完成のために正当化していた（「公判記録」㉑九九）。

24　南原繁『政治哲学』、『南原繁著作集』（岩波書店、一九七三年）、第五巻、一一九頁-一二七頁。

25　南原繁『政治理論史』、前掲著作集、第四巻、二八三頁。

第四章

教育改革と教養主義

1　社会的教養主義者としての河合栄治郎

河合栄治郎が近代日本の政治思想家としてユニークなのは、自らの思想体系を多くの者に広げようと試みたことである。福沢諭吉や新渡戸稲造も大衆啓蒙をおこなったが、河合は自己の思想の体系性を強く意識し、それに沿った啓蒙をエリート予備軍に施した。山下重一が「河合栄治郎ほど、自己を語ることの多かった思想家は稀れであろう」と評したように[1]、自伝的な文章を数多く書き、自己の思想形成、その構成を詳細に発表した思想家は、他に見られない[2]。啓蒙活動は、その思想体系に沿って、同時代の多くの第一線の著作家を巻き込んで展開し、昭和における教養主義ブームに貢献した。

河合の思想は、例を見ないほどの体系的内容として、同時代的意義を評価することはできるが、結局、理想主義思想体系は未完のままに終わった。さらに体系構築に依拠したイギリス理想主義研究も、倫理学者の行安茂が指摘するように、現代の研究水準から言って文献の読解方法や同時代の思想的文脈の解明が不十分であるなどの問題があった[3]。河合の知的影響は、その思想そのものにあるというよりも、そこから派生した教養主義が主である。直接には、大学教育をつうじて、彼の理念に共感した卒業生を学界、官界、経済界に送り出した。[4]彼らの有志は、戦後、社会思想研究会を設立し、師の諸著作、日記、研究録等を所収した全集を編集した。河合が編集した『学生叢書』は、多くの青年に教育者としての河合を認識させた。[5]戦後も軍国主義と敢然と闘った自由主義者が改めて評価され、『学生叢書』の復刊で新制高校・大学の学生に河合ブームとも言える状況が起こった。[6]戦闘的自由主義と教養主義は河合の中でどのようにつながっているのであろうか。

本章では、河合が昭和初期に展開した大学改革論に着目している。自己の思想体系を具体的に展開するために、教育改革をめざし、教養論がその延長にあったことを明らかにする。それは、青年に人格の重要性を訴えた啓蒙的性格をもつとともに自由主義にもとづいた社会の構築のための一手段でもあった。その二つの面の接点を探るのである。

河合の教養論は、自己が学生時代に親しんだ大正教養主義を引き継ぐものであり、社会改革の実践的関心が加わった。大正教養主義にマルクス主義が取って代わり、その後、それが高等教育機関から排除され、河合の教養主義が注目された。竹内洋は、大正の「人格的教養主義」に対して社会に開かれた「社会（科学的）教養主義」と呼んだ。[7]河合は『学生叢書』を通じて、阿部次郎や倉田百三などかつての大正教養主義の名士を自身の社会的教養に編成し直し、世間に彼らを再評価させた。昭和の教養主義は、ほとんど河合によって構築されたと言って過言ではない。逆にいえば、教養主義は一代限りの事業になってしまったとも言える。

2　大学教育と教養

研究者としての河合は、三十歳代後半に完成期を迎えた。代表的研究の『トーマス・ヒル・グリーンの思想体系』は一九三〇年（昭和五年）に刊行された。木村健康は、河合が勉強したのは四十歳（一九三一年）までで、それ以降、大学では諸事に忙殺されたと回想する[8]。その後、自己の思想の教育啓蒙にいそしんでいた。

河合が大学教育について積極的に議論を展開したのは、一九二九年から、休職に追い込まれた一九三九年（昭和一四年）までの約十年である。この時期は論文執筆だけでなく、全国の高等学校を中心に精力的に講演旅行に出かけていた。途中、昭和七、八年の二度目のヨーロッパ留学を挟んでいる。

前期は、マルクス主義者が影響力をもっていた。一九二九年（昭和四年）、森戸辰男と大学問題で論争し、一九三一年、文部省の学生思想問題調査委員を引き受け、マルクス主義と対決していた。同時に、河合を庇護する小野塚総長、矢作学部長の下で本格的に学部行政において活躍していた。当時の著作として、森戸との議論をまとめた一九二九年の「大学の運命と使命」（『帝国大学新聞』掲載）や一九三〇年の「研究所の設立」（『帝国大学新聞』掲載）、「大学の自由とは何か」（『中央公論』掲載）、一九三一年の「就職難と大学教育」、「大学教育の再吟味」（『帝国大学新聞』掲載）、これら論文をまとめた『大学生活の反省』、一九三二年に学生思想問題調査委員として蠟山政道とまとめた『学生思想問題』がある。

後期は、マルクス主義が後退し、滝川事件（一九三三年）、美濃部事件（一九三〇年）など、大学を取り巻く環境が悪化し、右翼の圧力が増していた。評議員（一九三三年）、経済学部長（一九三六年）、大学制度審査会委員（一九三七年）に就任し、大学行政上の責任が増していた。一九三三年の「国家・大学・大学令」（『経済往来』掲載）、一九三四年の「大学改造論」（『経済往来』掲載）、「教育制度改革案」（『帝国大学新聞』掲載）、一九三五年の「教学刷新と学制改革」、「高等学校論」（『帝国大学新聞』掲載）、諸評論をまとめた『第一学生生活』など、国家主義の高揚と大学に対する攻撃の下で、制度改革を提言していた。

河合の大学論は、取り巻く状況が一変しても、基本的主張は一貫していた。すぐに実現可能な現実的改革論とは言いがたい、自己の思想体系にもとづいた理想的な大学論であった。説得力はあるが、実務的な指針というよりも、ジョン・ミルやヘンリー・ニューマンという思想家が知の理想的機関として繰り広げた大学論に近い。彼の大学論があまり注目されないのは、この現実との距離が原因であった。[9]

河合の教養主義を代表する『第一学生生活』は一九三五年（昭和十年）に刊行され、『学生叢書』の出版は翌年から開始された。この時期は、経済学部長として学部改革や論文寄稿、講演会で多忙を極めていた。叢書は次々に展開した教育改革論の後を受けて出された。こうした実践との関係がその教養論に独特の特徴をもたらした。つまり、単に個人の精神的修養にとどまらず、竹内洋によれば「必読文献や文章の書き方、いろいろな学校の学生がどのような本を読んでいるかなどの実態調査の情報」もあり、「教養主義のマニュアル本」という性格をもったのである。[10]『学生叢書』は、高踏で難解な人生論を論じるのでなく、具体的な高等教育の場を踏まえた入門書であった。それは『アメリカのデモクラシー』でアレクシス・トクヴィルがいうところの〝習俗〟[11]に影響をもたらした。わかりやすく言えば、高等教育を受ける者の生活・行動様式の形成にかかわった。エリート層が限定されていた当時、高等学校や大学の社会的地位は高かった。戦前の高等教育の〝習俗〟の社会的影響は大きかった。さらにマニュアル的性格をもつことで、筒井清忠の指摘するように「旧制高校生程度の学力があれば誰もが同じ手順を踏むことによってこの道に進めるようなルートを作り上げたし、またこのルートを歩んでいないものは低く扱われるようなムードを作り上げた[12]」ことで、高等教育の周辺部分をも取り込んでいった。

河合の知的影響は、思想への共感にまして、教養をつうじた共通の〝習俗〟がもたらしたものが大きい。主著の『トーマス・ヒル・グルーンの思想体系』は多くの学生が買い求めたが、生硬な内容もあり、どれだけの者が理解したか疑問である。河合の教養主義は、エリート予備軍の社会改革意識をくすぐるものがあり、戦後になって活躍した政治・経済のエリートの行動原理に影響を及ぼした。

伊原吉之助は、河合の教養主義を「人格（真善美の調和体）を最高価値」とするもので「自己を鍛えて人格に近づくことを各人の崇高な義務とする」ものとし、「人格の成長」のためには手段・条件の整備が必要で、だから人格主義者は社会改革に努力せねばならぬとする」と説明する。[13] 教養は個人の内面的な自己修養にとどまらず、人格の完成を社会的なものとしてとらえ、各人の社会的任務の中での価値実現を求めた。個人は孤立している限り、自己完成は困難であり、他の者と手を携えて活動することによって、人格を完成に導くことができる。読者にとって、他者と共同するのはまず教育の場であった。友情、師弟愛を実感しながら、人格の完成のための社会性を理解した。

さらに伊原によれば、河合の人格主義は、「とにかく何かたまらなく実行したいこと、言いたいことがあるけれども、それをただ自分だけのものに留めておかないで、他の人びとをもできるだけ多く納得させながら展開してゆこうというところがある」という。[14] 青年の利他的な正義感を人格の完成という普遍的理念に置き換えたのである。自身の青年時代ならば、キリスト教を選んだのに対し、河合は人格の理念を示した。人格の完成を人生の目標にするエリートとその社会活動に社会改革の期待をかけた。[15]

3 河合の大学改革論

演習生であった塩尻公明は、二回目のヨーロッパ留学から帰朝した後の河合の活動として、「学徒・思想家としての面をいっそう深化し体系化する努力」とともに「一個の思想家であるところの教師として、みずからの理想主義的思想を学生生活の諸問題に適用して、学生界を指導し強化しようとする努力」があったとする（「解説」⑱三六七）。留学前からその努力がみられたものの、マルクス主義者との論争に費やされ、教育についての主張が目立つのは留学後であった。

「学生界」の指導で重視したのは、大学のあり方であった。十年一日の高踏な講義をよしとしている教授も多い中で、高等教育をとりまく社会の変化を観察していた。昭和初期は、戦後と比較にならないものの、大学が大衆化した時期であった。帝国大学の高い社会的位置とは対照的に、卒業生の社会的需要とのギャップが生じていた。学生にふさわしい職業を社会が提供し得ていなかった。高等教育自体が自明の社会的特権であった時期を過ぎ、教育の内容、意義が問われる段階にあった。農商務省の実務経験もあって労働状況に敏感であった。この問題を文明国共通の社会構造問題として考えていた（「大学改造論」⑯二〇一－二〇二）。現在の視点から見ても、高等教育と社会的需要との関係は社会の安定にとって重要である。社会が高等教育修了者にふさわしい職業を提供できない場合、彼らの不満によって社会不安が生じるのは、日本の高度成長期や現在の途上国にもみられる現象である。河合はマルクス主義学生運動が高揚する社会的背景を理解していた。「大学外に有為の学者の輩出して来た」ことや「学問的著述が多量にかつ廉価に出版されて来たこと」で「大学以外の学的水準が著しく向上した」ことで大学を取り巻く状況が変化したという。大学卒業生は供給過剰であるのに加え、学問の普及で「大学卒業生と同等の実力あるもの」が社会に産出され、多数の競争者に直面した（「就職難と大学教育」⑮七九）。

大学がこの変化に対応せず、旧態依然であるとした。根本的問題は大学が研究機関か教育機関か曖昧なことである。教育上大きな問題とし、次のように論じた。

従来日本の学園に於いて研究と教育とが異なる性質ものたることが認識されないで、漫然として二者を混同していたこと、而も教師を任命する場合に、教育者としての資格よりも、研究者としての資格に重きを置いたことが、日本の教育を遺憾ならしめた最大の原因であると思う（「教師と学生」⑱二六〇）。

日本の大学において「教育者という資格は考えられず、研究者としてのみ考えられ、大学が今現に研究所そのものになっている」一方で、「研究所としては何等研究所らしい発達をなしていない」、「大学でもなく研究所でもない中途半端な文化機関」であると批判した。「大学が教育の場所だということに、今よりも多くの自覚をなすべきだと思う」と述べていた（「研究所の設立」⑮一七四－一七六）。

このように大学の使命の中心を教育と考えた。現在の大学は「教育指導原理の欠如」がみられ、「学生の把握すべき指導原理を研究する制度」がないと断言した（「大学生活の意義」⑯三二）。教育内容は、何の脈絡も連関ももたず、細分化し、孤立した特殊的智識を得るだけのもので、大学は「社会の要望に副うべく能力を欠如している」という。「多数を一堂に集めて知識の切売をするに止まるならば、大学における教育は書籍を繙いて収得されるもの以外何物も残されていない」のであり、「大学の学科の配合」が「組織的、計画的でないから、かなりの無駄と消費がある」と言い、「大学は大学ならずして為しえざる何らの教育を企ててはいない」し、大学で教えられるものは「半分の時間と精力とを以て収得しうるかも知れない」と酷評した。

大学の講義に欠陥があることは社会でも知られていた。岩波書店など学術出版社は、優秀な学者を精選した叢書を出し、大学の講義以上の内容を誇り、知的権威をもっていた。第二章で言及した経済学全集の出版合戦は最たる例である。

現在の大学は職業教育を想定しているが、貫徹しておらず、中途半端であるという。科学のみが学問であるという実証主義が支配的であるものの、職業教育として不十分である。教育において「経験科学の技術者を養成する従来の伝統」を見直すべきである。「職業に就くことを生存の第一目的とする人生観を、教育の出立点とする」ことを「大学の教育を害する」とまで言った（「就職難と大学教育」⑮一七八‐一七九）。

そこで現在の「断片的」「分散的」な人格教育を総合的なものに転換することを求めた。総合にあたって自身の理想主義哲学にもとづいた知の体系に沿った教育を提案した。まず特定の専門学科教育と、学生の人格を陶冶する教育に二分した。第一のものは「法文経理工農医等の区別された学問」であり、さらに「授業科目表に示されているような更に細分された諸学科」である。こうした専門学科は「学生の個性を自覚せしめると共に、特殊専門の知識を与え」、「学生は自覚した個性に基づいて、社会人として職業を決定する」し、その「特殊専門の智識は職業人としての実践に役立つ」とするが、知識の内容よりも、背後の思想に着目した（「教師と学生」⑱二六〇－二六四）。専門教育もまた人格の完成につながるものであり、次のように説明した。

……現代の専門学科は、実践に役立つ智識を供与するに遺憾はないが、すべて実践は特定の目的を持ち、その目的は更に大なる目的から派出され、かくして終局に於いて吾々の実践の最終目的に到達する、吾々は何を終局の目的として実践するのか、之が実践の根本問題であり、実践に於いて人を教える専門学科の共通の前提でなければならない、ここに専門学科の教師も学生も道徳の問題に逢着して、行為の善とは何かと云う課題を扱われなくなる（「教師と学生」⑱二六四）。

そして、専門学科の智識自体は、学問智識に由来する真理につながるとして、美文調で次のように語った。

専門学科の智識は特殊専門であることの故に、智識の体系たる学問の単なる一片たるにすぎないではあろう。然し一斑を以て全豹を窺知することが出来ないではない、一部より垣間見た全智識の宝庫は遠く天涯の彼方にまで広がり、ここに汲めども尽きぬ源泉が見出される。人はかかる智識が現実の実践とは無関係に、自己の智識探求の欲望を満足せしめることを感じる（「教師と学生」⑱二六四）。

専門教育は学問である以上、究極的に真理の価値を問うことになり、教師も学生も「専門学科を通して、学問の殿堂の前に真理の拝殿の前に立たねばならなくなる」とした（「教師と学生」⑱二六五）。

したがって専門学科の教師といえども「智識の役立つべき実践の終局的目的を指示する」ことと、「遠く学問の体系を提示して、その中に於ける自己の専門学科の地位を明白にせねばならない」という。教育者が学者や研究者と異なる点である。専門教育について、職業技術教育にとどまらず、人生観、価値観の探求をも期待した[16]。

大学教育で最も重要なのは、もう一つの「学生の人格を陶冶する」一般教育である。陶冶の主体は学生であり、教師の役割はあくまでも補助的である。「学生をして人格性の存在を自覚せしめ、人格への陶冶が凡そ最高の価値たることを意識せしめ、動もすれば弛まんとする努力を鞭うつこと」が「教師の残された任務」であり「教師を教師たらしめる最も重要な任務である」という。これは「若き学生の燃えんとする心霊に点火して、人間最高の価値に参与する」という「最も尊まるべき任務」である（「教師と学生」⑱二七一）。「教授は教師として学生の伴侶」であり、「学生の成長は私共にとって重大な関心事である」と断言した（「大学の教育」⑮一五三）。

そこでは教育者にも人格の陶冶が求められる。「一定の人生観を所有」し、「学生に対して愛を持」ち、「学生の個性と性格を洞察する聡明」さをもたねばならない（「教師と学生」⑱二七二―二七六）。こうした教育者を兼ねる大学の学者には独自の思想体系が求められる。すでに一九二八年に次のように論じていた。

今日のような時代に直面して、学徒として最も重要なことは、すべての思想を根本から築き直して彼れ自身の独自の思想体系を所有することである。単に専攻する特定の学科を整えるだけでは足りない。その科目が接近科目とどう関係するか、さらに一般科学の中に於ていかなる地位を占むるか。もう一歩進んでは、認識論から道徳哲学、社会哲学や社会思想に及ぶまで、一定の統一した体系を保持することが必要である（「一学徒の手記」⑮二七七）。

学問とは自己の思想体系の構築であり、その体系を究明する者こそ学生の人格陶冶を導くのにふさわしい学徒である。認識論からの体系にこだわったのは河合らしい。マルクス主義の流行が念頭にあったと思われる。

さらに教師の務めは学問だけでなく、人生の生き方を示すことにも及ぶ。教師は「自らが苦しみ悩んで人生を生きたものでなければならない」、「人生を生きるが為に、学問と真理との価値を体験したものでなければならない」という（『学生に与う』⑭四三）。自身が教授の職を追われた際、新聞記者に次のように述べていた。

人間は唯一筋の途を真直ぐに進むだけです。これが師として私の説いた道でありました。教師は学生を欺いてはならない。学生の師に対する不信ほど教育のためにおそろしいことはないと思ひます。[17]

さらに河合は学問の分類にこだわった。自己の思想体系にもとづき、大学の科目を分けていた。学科を「思想に関する学」、「理論に関するもの」、「個々の現象に関して断片的な智識を与えるもの」に三分した。第一が経済学部における哲学、経済学史、社会政策、法学部における法理学、政治学史とし、第二が経済原論、経済政策の一部、政治学、法律学である。

自分が担当する社会政策を通常の理解とは違い、思想の学に分類しているのが特徴的である。第三は断片の学であり、「景気が好いとか悪いとか、為替相場がどうとか、金利がどうとか、カルテル・トラストが幾つあるとか、船が石油が鉄がどうとか云う」ものであると評価が低い。経済学部の同僚との距離がうかがい知れる。最重要なのは、「思想に関する学」であり、「現下の社会に要望せられるものは、人間および社会に対する指導原理を、明確に把握することとである」と強調した（『第一学生生活』⑯四一-四二）。学者として思想体系にこだわる河合が「思想に関する学」を最重要のものとしたのは当然であろう。その「思想に関する学」も他から超越・孤立するのでなく、連関している。

河合は分類好きと見られたようであるが、この分類は日本における自由主義の受容とも関わってくる問題であった。日本では科学が重視され、それも各専門に分かれ、哲学を無用視してきたという。その結果、本来「哲学から社会思想に至る渾然たる思想体系」である自由主義があっても各分野で断片的にしか論ぜられなかった（「自由主義の批判を続る思想界の鳥瞰」⑫一〇七-一〇八）。思想の学問こそ、各分野をつなぐものであった。マルクス主義や全体主義の攻勢に対し自由主義勢力を結集させる基軸であった。

こうした学問観は、独自の大学編成案に発展していた。一九三四年に評議員であった際に発表した「大学改造論」において文系学部の社会科学部への再編を提案した。文学部から社会学科を、法学部から政治学科と公法、法理学などの法律学科の一部を、経済学部の商学科の経営経済学、経済学科とを合わせた学部の新設である。この学部では、哲学、倫理学、社会哲学、政治哲学、経済哲学、社会思想史など人格陶冶と思想の涵養を重視する思想的科目を充実させる。他方、実務科目は大学教育の構想から外れる。民法、刑法など実務的法学については、法曹養成のため法律《ロー》学校《スクール》を学部と別に設立し、また商学科の大半は高等商業学校に委任すべきとする（『第一学生生活』⑯二二八）[18]。社会科学における大学教授の存在理由とは、何よりも哲学と理論の研究にあった[19]。

　河合は日本の大学とくに帝国大学の現状を問題視していた。ヨーロッパ型の大学では、大学が教養教育をおこない、その他の高等教育機関が専門的技術教育を担う区分があったのに対し、日本の場合、帝国大学が官僚や職業専門家養成のための専門技術教育を担い、それに対応する専門学部が設置された。そこでは大学と専門学校の区別が不分明であった。彼の属していた経済学部は、実務的性格をもつが、実務的専門教育において後の一橋大学である東京高等商業専門学校に後れをとり、中途半端な地位にあった。理想の大学とは、ヨーロッパ型の最高学府であった。オックスフォードにおけるT・H・グリーンの研究をつうじて、大学社会におけるこの碩学の人格的影響が社会改革につながった事実に着目していた[20]。危機の時代にあって、なぜこれほどまでに大学に細かくこだわったのか。大学論は河合の生き方に関係する。社会問題を解決すべく官界入りしたが、官僚機構の保守性のため挫折した。新しい活躍の場として大学を選び、そこにおいて改革の理想を抱いていた。大学が社会を知的に指導することに意義を見出し、その実現に知の再編が必要と考えた。学部内で同僚とさまざまな衝突を引き起こしたのは、彼の求めた改革と現実との齟齬であるといえなくもない。後に大学改革の遅れが「吾々の最も好ましからざる社会層」、「ファショの人達」による介入を招くことにつながったと嘆いた(『第二学生生活』⑰五二 - 五三)ように大学論は社会改革と連動したものであった。

河合の想定する大学教育の対象は、オックスフォードと同様に少数のエリートであった[21]。大衆化する大学に逆行するもので、改革論にあまり共感がなかった理由である。「すべての学生が大学過程を踏むことは、その資力と能力と境遇とから許されまい」とし、大学には、短期で職業専門教育をおこなう専門学校と違い、「自己の思想を確立せんとするもの、人格の成長を希求するもの、真理を愛好するもの、知識欲の旺盛なるもの」が集まることを期待した(『第一学生生活』⑯一八九 - 一九〇)[22]。イギリス同様に社会を指導するエリートを養成する場が大学であった。他方、働かざるを得ない境遇にいる同年代の多くの若者への配慮をつねに学生に呼びかけていた。イギリスの大学生と同様、知的階級という恵まれた地位にともなう社会奉仕を学生に求めた。このノブレス・オブリージュ(高貴な者の義務)は今から見ると時代遅れにみえるが、マルクス主義者も前衛による大衆指導による革命をめざしていたことを考えると当時としてある程度通用したのではなかろうか。

4 教養主義の実践

河合の教養論は、大学教授として自身が実践した教育を踏まえていた。講義について、人格の陶冶を説く場として位置づけていた。帝国大学の講義は、教授の口述筆記が通常であったが、彼は講義案を作成して配布し、授業をおこなっていた。しかも弁論部出身者らしく雄弁な講義であった[23]。

最も力を入れたのは、少人数でおこなう演習であった。熊谷尚夫の回想によると、河合は授業中に、大学生活では演習が決定的に重要であることをよく話していた[24]。当時、演習は一部の教官が実施していただけであり、彼の授業は競争率が高く、採用は二年次に四、五名を採用し、二年間継続するもので、参加者は十名内外に選抜された俊秀の学生であった。

参加希望学生は、研究テーマを申し出、自らの読書歴を要約した志望書を提出し、審査・面接を受けた。たとえば猪木正道は、最初の年に「世界とドイツ社会民主党」、翌年「マルクス主義と労働運動」というテーマを選択した[25]。演習は、通年で毎週二時間程度おこなわれ、前半期は、認識論や道徳哲学など社会思想の根本問題を教授が提起し、皆で討議した。マルクス主義の唯物論に影響された学生と論争するのは、新たな思想を再構築させるための基礎的作業であった。ある時間には「社会主義は資本主義よりも生産力が高いか」というテーマで、河合と大河内一男講師が激論を交わしたこともあった。後半期は学生の研究発表とそれをめぐる討議であった。この個人発表では、学生は、河合から研究テーマに関する書物を洋書も含め何冊か渡され、四月末から八月まで研究発表の準備をおこなう。この発表では、原稿の朗読を許されず、メモのみで演説しなければならなかった。出席者全員に発言を求め、平易な言葉で説明させ、また卒業送別会では各人にテーブルスピーチを課して批評するなど、今でいうプレゼンテーション教育の配慮もあった。個人報告後、河合から非常に厳しい批評があり、荷物をまとめて故郷に帰った演習生さえいたという[26]。

演習では、議論が白熱して途中、店屋物を取り寄せ、夜まで延々とおこなうこともあり、蕎麦屋で閉店まで議論して追い出されたこともあった。演習後の河合は打って変わって気さくに学生と懇談した。震災後、校舎が不備な時期には自腹を切って、本郷の西洋料理店「鉢の木」で開いたこともあった。また演習出身者と河合行きつけの箱根の旅館「俵石閣」で合宿を開催したこともあった。当時の帝国大学教授の立場を考えると彼の熱心な指導は異例である。

この演習で特徴的なのは、冒頭に学生に自分が最も問題としていることについて語らせ、討論したことである。研究の問題でなく、「学生の個人生活における悩み迷い、社会生活における疑惑煩悶の様な生の問題」であった。これを青年の「内的問題」と呼び、素直に語らせることに力を注いだ。この問題は理想主義を理解する基礎となる体験であり、そこから議論に入ることによって、理想主義は単なる論理としてでなく、生きた哲学として学生の前に示されたという[27]。演習以外にも、週一回、面会日を設け、学生を大森の自宅に招いて談論し、夜を徹したこともしばしばであった[28]。

学部長に就任すると教育活動の範囲は拡大した。この職を事務的なものとせず、学生の教育活動に尽力する職務と考えて、権限を最大限に行使した。就任後すぐに新入生との個別面接をはじめた[29]。夏前に学年別に食堂で学部長との懇談会を設け、教授と学生との「ゲマインシャフト」をつくろうと試み、学生から当局に対する希望を聴くことにも努めた（「一九二六年の回顧」⑳二五）。また理系学部に教養科目を開設し、留学生にテューターを配置するなどの改革も実施した。ただし、卒業予定者との個別面接は、多忙に加え、健康を著しく害していたにもかかわらず面談した熱意を学生は理解しなかった。就職への干渉と受け取って反発したという[30]。

また、学部長として「社会科学古典研究会」の設立に力を注いだ。門下や知己を中心に、各講師がそれぞれ社会科学の古典を取り上げ、隔週開催で二回にわたって解説する課外授業であり、講義の後に講師との懇談会も設けられた。二円の入会金にかかわらず、二百人を超える学生が参加した。この研究会は休職までの三年間続けられた。

『学生叢書』は以上のような学生指導の延長である。粕谷一希が指摘するように「自分の周囲に集まり、個人的接触のできる範囲を超えて、広く公衆に訴えようとした」のであった。[31] 自身の抱く理想的教育を広く青年一般に対して説いた。学生の生活や読書に多大な関心をもち、『学生叢書』では、教養主義的な学生生活のモデルを提示した。多忙にかかわらず、叢書の企画と編集に熱心で、自ら編集会議を招集・司会し、主題、項目、執筆者を記した原案を出して討論した。執筆担当者は、当時における知識人の精髄を集めたといってよく、阿部次郎、安倍能成などの大正教養主義の著作家、志賀直哉、武者小路実篤、倉田百三などの作家、三木清や羽仁五郎などのマルクス主義者、高坂正顕、桑木厳翼、田中美知太郎などの哲学者、斎藤勇、高橋健二、斎藤茂吉などの文学者などが集まった。演習卒業生で担当編集者の美作太郎が「学者・思想家としての評価とは別に、教授がエディターとしてのすぐれた力量の持ち主であることが世に知られないでいるのを残念に思った」と回想したほどである。[32]

『学生叢書』の出版経緯は最終巻の『学生と哲学』の序文で語られていた。「昭和十年頃マルキシズムの凋落に伴い、学生界は一定の目標を失い、攻学の気風の頓に衰えうるの状であった」中で「学生界に向かうべき道を示そうとした」という。この叢書をつうじて「軽率なる実践を警めて深き内面的思索へと志ざし」、「それもこれもと漁るデカダン的な教養を排して、深き思索に源した堅実剛毅な実践」を目指したのである（「附録「学生叢書」序文」⑱三四七-三四八）。河合は、この『学生叢書』が「殆ど高校生活のイデオロギーを決定した」と自負した（「一九三六年の回顧」⑳二七）。学生の〝習俗〟を変えることの重要性を自覚していたのである。

『学生叢書』では自己の思想体系にもとづく学生生活をいろいろな面から提案していた。『学生と読書』での読書指導は自身の関心が反映していた。掲載された必読文献は、粕谷が評するように「河合栄治郎が若き日に読んだ方がよいと考えた基礎的文献を、河合流の価値観にしたがって、整然と整理展開し」たものであった[33]。「哲学の中の人生観の哲学が首位に立ち、その他の哲学が之に次ぎ、やがて化学、道徳、芸術、宗教の書が置かれる」とする独特の順位づけをおこなった。「何の為に読書するか、何の為に学問、道徳、芸術、宗教が存するか、凡そ一切の意義と価値とを語るものは哲学」であるという（「読書の意義」⑱五七）。当時の学生はこの文献リストに従い、読書し、河合の価値観を具体的に共有することになった。人格の完成というのは抽象的目標であるが、読者にはその求める世界をおぼろげながらでも理解できるものであった。

マルクス主義の学生もまた積極的に社会科学の文献を読んでおり、教養主義的と言えないこともないが、読書の意味が全く異なっていた。倫理や哲学は生産関係によって規定され、ブルジョワ階級の支配正当化のイデオロギーに過ぎないとみていた。普遍的社会法則によって世の中は動かされており、ブルジョワ的幻想に惑わされず、真理の法則を知るためにマルクス主義的文献を学ぶのである。人格陶冶のための読書でなく、学習のための読書であった。この〝疑似〟教養主義というべきものは戦後にもあらわれた。

『学生叢書』は、個人的修養だけでなく社会性を重視したことに類書との相違があった。叢書全一二巻のうち、生活、社会、学園、日本、西洋と社会性を意識したテーマが目立つ。学生を取り巻く社会、国家、世界との関係を体系的に考察することを提案していた。ただし、社会変革のための直接行動を促したマルクス主義とは異なり、学生生活の意義が強調され、社会性の中心は学園であった。学園とは「多数の同年輩のものが集団生活を営む」場所であり、「人格的に結ばれた共同社会《ゲマインシャフト》が出来るならば、理想的であろうし」、「特殊の人と特殊の関係、即ち「友情」の関係を持ちうるならば、一層幸福であろう」と考えた（「教師と学生」⑱二五九）。学園こそ教養の徒にとって、基本的拠り所であった。河合の理想主義哲学は実践的で生活に即した性格をもち、社会思想の根拠とする以上に、日常生活の行動原理となりうるものであった。[34]

結局、河合が提言した教育改革のほとんどは実現されなかったが（現在でもなお同様の提言が繰り返されている）、自身の『学生叢書』における教養論によって、多くの学生の〝習俗〟に影響をもたらした。社会的教養は、戦後も学生の間で語り続けられた。それは『学生叢書』が高等教育の中で具体的な人間関係を媒介にして受容されたことと関係があろう。[35]

河合の教養主義は、個人の内面的陶冶を重視したドイツ的教養やその影響の強い大正教養主義と異なった、イギリス的教養と共通点をもつ部分がある。グリーンが人格の完成を社会改革と結びつけたことに通じている。ラグビー校校長のトマス・アーノルドがクリスチャン・ジェントルマンを育成し、彼らがヴィクトリア期の社会改革の原動力となったように、一九世紀イギリスの教養とは、産業主義や功利主義、自由放任的個人主義という時代精神に対抗する実践倫理を含んでいた。[36] この教養は少人数の高等教育における人的関係によって実践的に培われるものであった。

河合が生きた時代の日本は、ヴィクトリア期同様、荒削りの資本主義の攻勢にさらされていた。マルクス主義や国家主義はその反動である。彼は、一九世紀イギリスで流行し、カーライルが多用した社会問題という言葉にこだわり、この問題を解決する社会政策を思想的に論じた。イギリス理想主義は時代に即した実践倫理としてふさわしいものであり、その解明に人生を賭けた。[37] その理想主義自体の哲学的意義はともかくとして教養における人格形成と公共精神を結びつけ、青年に知的影響を与えた教育者としての役割は歴史上、特筆すべきであろう。

〈註〉

1 山下重一「河合栄治郎―戦闘的自由主義者」、小松茂夫・田中浩編『日本の国家思想（下）』（青木書店、一九八〇年）二三九頁。

2 河合は、この作業を自覚的・意図的におこなっていた。「思想家は自己の思想の過程を語る義務があり、読者は之を要求する権利がある」と言っていた（『第二学生生活』⑰一七一－一七二）。思想体系については「河合事件」の法廷記録で詳細に解き明かしている。法廷陳述は自分の思想だけでなく、当時の社会・思想状況におけるその位置づけをも自らが説明している。

3 行安茂「河合栄治郎とT・H・グリーン解釈」、河合栄治郎研究会編『教養の思想―その再評価から新たなアプローチへ―』（社会思想社、二〇〇二年）一九一－二〇八頁。

4 粕谷は「その出会いにおいて河合栄治郎の人格や思想に魅せられた者、個人的接触を重ねてその指導と感化を受けた者たちは、その人生観・世界観・価値観を変えさせてしまうような強烈な感化力をもった」と評価する。粕谷『河合栄治郎』一三二頁。

5 『学生叢書』は日本評論社から逐次刊行された。その内容は『学生と教養』（一九三六年）、『学生と生活』、『学生と先哲』（一九三七年）、『学生と社会』、『学生と読書』（一九三八年）、『学生と学園』、『学生と科学』（一九三九年）、『学生と歴史』、『学生と日本』、『学生と芸術』（一九四〇年）、『学生と西洋』、『学生と哲学』（一九四一年）の全一二巻であった。戦争が拡大した時期にこのような出版が続けられたのは文化史上注目すべきであろう。

6 政治思想史研究者の田中浩（一九二六年生）は一九四六年に「河合栄治郎を「何者」なのかもわからないし、戦時中さんざん非難・中傷・攻撃された「自由主義」というタイトルにあまり好感がもてなかった」が、大枚をはたいて『自由主義の擁護』を買ったところ、ほとんど徹夜で読み、「人間にとって、「自由」や「思想」がいかに重要であるか、よくわかった」ことで思想の研究を志したという。田中浩『思想学事始め―戦後社会科学形成史の一断面―』（未来社、二〇〇六年）一〇一頁。

7 竹内洋『教養主義の没落―変わりゆくエリート学生文化―』（中公新書、二〇〇三年）五八‐五九頁。

8 「座談会　河合栄治郎を偲ぶ」『社会思想研究』一九六六年一二月号、一二一‐一三頁。

9 大学論は全集の解説でもあまり評価されていなかったが、近年、竹内は、その改革論の先見性に言及している。竹内洋『大学という病　東大紛擾と教授群像』（中公叢書、二〇〇一年）一五八‐一五九頁。

10 竹内『教養主義の没落』五七頁。

11 トクヴィルは「習俗 moeurs」を心の習慣、知性の習慣を形成する観念全体とし、次のように説明していた。「私はこの言葉［習俗］を心の習慣とも呼ぶことのできる、本来の意味だけでなく、人間のもつ種々の通念、人間社会に通用している多様な考え方、さらには知性の習慣を形成する観念全体に適用している。」Tocqueville, *De la Démocratie en Amérique*, vol. I (Euvres Gallimard, 1951), p.300.

12 筒井清忠『日本型「教養」の運命——歴史社会学的考察』（岩波書店、一九九五年）七三頁。

13 伊原「河合栄治郎の教養論」三〇頁。

14 前掲論文、三〇頁。

15 伊原は「河合理想主義のもっていた過度の体系性と倫理性（何もかも「人格の成長」という最高価値に結びつけてやまぬお節介）こそ、衒気にみちた青年を吸引し、反発もさせた要因」であると指摘している。伊原吉之助「戦後世代と河合栄治郎」（「月報」㉑三－四）参照。

16 具体的専門家として、交友のあった農学部教授の那須皓のような人物を考えていたのではないか。那須について「単なる智者でなく学者でなく志士」と言い、「理想主義的立場と豊かな教養」をもつ「広い視野の持ち主」と評している。XYZ「那須皓教授論」『経済往来』一九二八年七月号、一九、二一頁。『著作選集』二三三、二三七－八頁。この論文は匿名評論である。那須は戦後、吉田茂内閣の農相に慫慂され、岸内閣でインド大使を務めた。

17 「人間一筋の途　河合教授声明内容」『東京日日新聞』一九三九年一月二九日。

18 この学部編成の持論が、経済学部における実務科目担当者に対する低い評価にも現れ、学部における人事抗争にもつながったのでないか。「帝大の学問でない」と商業数学担当者の教授昇格にかたくなに反対し続けたことが他教授の反発を招き、学部長更迭に至った。竹内洋『大学という病』一六六一七二頁。

19　河合は、一九三〇年に『帝国大学新聞』で、社会科学における実証部門を研究所に委ねることを提案した。実証研究には「ギルド時代の手工業」でなく「機械を使用し分業と協同とを営む工場形態に発達」することが必要としていた。ただし、それは大学とは別組織であり、担当するのは、学者でなく、「一定の計画を立案してそれを遂行する実際的才能」、「企業的能力」をもった人材に委ねるべきだとした。河合は実証部門を切り離した結果、「大学教授の存在の理由が社会科学の基礎たるべき哲学の方面と、社会科学の理論方面に限定されてくる」と説いた（「研究所の設立」⑮一七〇―一七三）。

20　河合は、グリーンのオックスフォードにおける感化を、空前絶後であり、「人としていかに在るべきかが彼より教えられ、ヴィクトリア朝時代の道徳的空気は彼に負う所が尠くない」ものと評価し、グリーンを「類例少なき偉大な教師」だとして、何人もの同時代人の賛美を紹介した（『トーマス・ヒル・グリーンの思想体系』①一五四）。

21　河合はイギリスのテューター制度に関心をもつとともに、教師と一緒に住み、学問的論争をおこなう寄宿舎を株式会社で実施する案さえ披露していた。「座談会　欧米の学生生活を語る」『帝国大学新聞』一九二三年一一月六日。

22　河合は少人数教育実現のため、帝国大学の削減をも提案していた（「大学改造論」⑯二二六）。エリート教育をめざしたが、働かざるを得ない境遇にいる同年代の多くの若者への配慮をつねに学生に呼びかけていた。それは自身が一高生の時からの持論であった。名演説「夕の鐘の音」でもエリート予備軍の社会改革の義務を訴えた。河合栄次郎「夕の鐘の音」参照。『著作選集』五〇―五二頁。

23　山本和は講義を次のように回想する。「河合教授の講義は東大名物の一つ、まことに歯切れのよい、一種独特な名調子で、引用は英独書、外国雑誌類を高くさし上げて、講義と同じスピードでその文脈内で、立板に水のような翻訳引用される。論旨は明確、透徹、一つの単純な結論へと運び、聴衆に感動と共感を巻き起こす類のものだった。」（「月報」⑮五）

しかし、学生の中には、美文を並べた弁論部的な講義に反発をもつ者もいた。経済学部出身の作家である芹沢光治良は自伝的小説の中で、河合をモデルにしたK教授の講義を次のように描写した。「第一回目には、教授は参考書も両脇にかかえて、颯爽と教壇にのぼり、おもむろに参考書を机上に堆くつんで、先ず著者と書名を次々に黒板に書いては、その書物はこれだと、一冊ずつ学生に示した。それが大きな身振りのようで、好感をもてなかった。それから講義をはじめたが、テノールのような高い声で、一高の弁論部の演説のように美文を朗々と語るので、驚いた。美男子で背も高く、洋服の好みも渋くてよく、聴講していて、胸のすくほど愉しかったが、三回聴講して、僕は大学の講義でないと考えてやめた。美文にかざられて内容が空虚に感じられたからだ」芹沢光治良『人間の運命2』（新潮文庫、一九七六年）三〇六‐三〇七頁。河合の教育方法は青木育志『教養主義者・河合栄治郎』（春風社、二〇一二年）に詳しく語られている。

24　「座談会　河合栄治郎とその思想を語る」『社会思想研究』一九六六年一〇月号、一五頁。

25　猪木正道『私の二十世紀　猪木正道回想録』（世界思想社、二〇〇〇年）三九、四四頁。

26　「座談会　河合栄治郎を偲ぶ」一〇‐一一頁。

27　外山茂「理想主義者としての河合栄治郎」『社会思想研究』一九五六年一一月号、三五頁。

28　河合は非常勤であった第一高等学校でも読書会を主催したり、女子大の学生を自宅に招いたりしたことがあった。河合の演習については、美作、猪木、外山の前掲の回想のほかに、『河合栄治郎伝記と追想』における演習生の回想および山下信庸「河合先生の忘れ得ぬ思い出」、社会人大学『河合栄治郎研究　平成九年度』（一九九七年）四三－五七頁、関嘉彦『私と民主社会主義』（日本国書刊行会、一九九八年）三三－三七頁。

29　音田正巳の回顧による。「河合栄治郎とその思想を語る」『社会思想研究』一九六六年一〇月号、一七頁。

30　木村「河合栄治郎の生涯と思想」八四頁。

31　粕谷『河合栄治郎』一三五頁。叢書と共通する内容を全国の講演でも語っており、出版を講演以上の伝達手段と考えていたのではなかろうか。多忙な上、健康も害していた河合には講演の負担は大きかった。

32　美作『戦前戦中を歩む』五〇三－五〇四頁。

33　粕谷『河合栄治郎』一三五頁。河合の好みの傾向は文学のリストによく表れている。白樺派は推奨されるが、永井荷風、谷崎潤一郎、田山花袋はなく、プロレタリア文学も掲載されていない。末松฿紀「河合榮治郎が求める旧制高等学校生像とその教養」『聖心女子大学大学院論集』第四〇巻第一号、二〇一八年七月、一三三－一三四頁。戦後、荷風、潤一郎ブームが起こり、白樺派が忘れられたことは河合の教養主義の継承をみるうえで興味深い。

34　外山茂「理想主義者としての河合栄治郎」三七頁。この実践的性格は河合の思想形成の事情と関連している。木村は河合の思想について「書斎の中でしずかな思索と読書によって形成された」のではなく、官界に属することで「実践のうちに内的および外的な人間的戦いを通じて体得された」と説明している。木村「河合栄治郎の生涯と思想」一五四頁。

35　竹内は、戦前の教養主義の意義として「教師や友人などの人的媒体を介しながら培われた」ことを指摘し、「教養の培われる場としての対面的人格関係は、これからの教養を考えるうえで大事にしたい視点である」という。竹内『教養主義の没落』二四五‐二四六頁。

36　唐木順三は、マシュー・アーノルドの『教養と無秩序』での教養が「ブルジョワジーの個人的自由主義、自由放任の結果失われた権威と型のかわりに教養を以て基準にしようとする」もので、「各階級に共通する普遍的人間性を認め、その人間性全体を生かすもの」と説明した。そして、その批評的で、どこの階級にも属さない点が大正教養主義と共通していると論評した。唐木『現代史への試み』二九頁。マシューの教養を社会から超越した個人的な読書三昧に過小評価した解釈は問題があるが、河合の教養との共通点の指摘は傾聴すべきである。河合は『教養と無秩序』を読んだことがあり、その教養観に大正教養主義との共通性を感じていた。一九二六年四月二六日の日記でマシューの日記と教養論を読んだことを記し、「丁度吾々が昔一高時代に考えていたことを云っている」と評価していた（「日記Ⅰ」㉒二二〇）。

37　伊原は、河合にはむしろ実践活動への要求が先にあって理想主義体系が構築されたのではないかとして次のように指摘する。「大体、河合体系の中核は、帝大学生（その卵である高校生を含む）というエリートの卵に対する呼びかけがある。「君たちはやがて社会の指導者になる。しかし世の中には恵まれぬ人たちがいっぱいいる。彼らも同じ人間（人格）なのだから。彼ら（社会）のために奉仕することを忘れてはならない」という訴えである。これは真面目な青年を振い立たせる呼びかけであった。河合体系のあとの部分は、この訴えを基礎づけるための人間（人格）目的論（道徳哲学）であり、社会改革の合理化（社会哲学）であり、現状批判（社会思想）であったにすぎぬ。」伊原「戦後世代と河合栄治郎」三頁。

第五章

戦争と自由主義

1　河合は戦争を容認したのか？

河合栄治郎は戦闘的自由主義者として軍部の政治介入を批判する一方で、対外進出について発言をはっきりとはしていない。石橋湛山の小日本主義のように海外からの撤退を主張するのとは違い、現状を肯定しているように見えた。同僚であった大内兵衛は「もともと、河合君は、満州事変に対しては必ずしも批判者ではなく、むしろその認容者であった」と回顧していた。[1] 土方成美もまた「河合君もまた満州事変を否定していなかった」、「支那事変は、防共の観点から意義があると語っていた」と述べていた。[2]

その原因の多くは『中央公論』一九三七年（昭和一二年）一一月号に掲載された「日支問題論」の主張である。松井慎一郎がいうように、この論文をもとにして「河合の自由主義思想の後退、あるいは限界、問題点を示すものとして論じられてきた」のである。[3] たとえば、出原政雄はこの論文について「眼前に展開する現実に真摯に向き合い、何とか辻褄の合うように解釈しようとする河合の現実主義的思考がともすれば現実追随の方向に流れていった」と論じた。[4]

とくに批判の対象になっているのは、「満州事変は止むをえない帰結であった」と述べた一文である。満州について「支那は自国を防衛する能力なく、空しく露西亜の蹂躙に任せた」のであり、条約によってロシアの占領を承認し、自ら放棄したという。「領土ならぬ状態に放置した」のであり、「満州は支那に対してすでに失われていた」状態であった。そして「日本が自己の自由独立を防衛する立場から露西亜と戦ひ之を満州南部から駆逐すると共に、露西亜の所有する権利を譲渡された」という。この権利は、英仏の香港や広州と違い、直接奪取したのではない。したがって支那の権利回復要求は、香港や広州には合理性があるが、日本に対しては事情を異にしているという。このように南満州における日本の権益の特殊性を認めていた。支那政府からの返還要求に、日本は「超人間的の好意を表するに非ざる限り「旗を捲いて南満州から引き揚げる」ことはない」と主張した（「日支問題論」⑲三三三―三三五）。出原は、以上のような主張を「あまりにも自国本位的で、ご都合主義的見解」で「河合の日中戦争観は大きな問題をはらんでいるといわざるを得ない」と厳しく批判した[5]。大杉一雄も「軍部のいうことの代弁に他ならない」とし、「考えられないほどの追随的態度」であり、「既成国家体制と侵略主義を擁護したものといわれても仕方がない」と批判した[6]。岩本典隆もまた「独自の屈折したアプローチによる日中戦争の合理化を企図する」とした[7]。吉野作造が、満州事変勃発時に日本の特殊権益の歴史的事情を認めながらも、いったん返還して交渉すべしと主張したのに比べると、河合の態度は既得権益に拘泥していると言えなくもない。[8]
この満州事変に対する態度について河合の潜在的真意を解釈することも可能かも知れない。[9]しかし文章上は満州事変を否定したとまで言いきることはできない。時局論文として現実を前提にした議論を展開したといえる。もっとも戦後に通用する帝国主義批判という透徹した視点をもたないことが思想家としての評価を低めるものではない。
石橋湛山は植民地放棄論を唱えたことがあったが、当時の日本人の意識において、満州の権益は自明のものとしてあった。同時代の英仏知識人の植民地に対する認識をみても同様であろう。石橋の議論は、全植民地を失った結果をみると、先見性があったことになるが、当時において現実的な政策論とはいえないであろう。現地には日本人が多く住み、経済活動を営んでおり、とくに関東州は、日露戦争という多大な犠牲を払ったことで、国民の思い入れが強い土地であった。すでに、一九二二年（大正一一年）に官立の旅順工科大学が設立されるなど（前身校は一九〇九年設立）、内地と一体化しつつあった。
河合は満州事変の賛否について明言しなかったが、政治の転換点であったと認識していた。彼の分析は歴史的である。日露戦争の勝利で外国からの軍事的脅威がなくなった後、産業の発達が日本の目標になった。商品の売り込み先は支那市場であるが、やがて現地でも自国の産業発達のため、関税自主権の回復を求めるようになり、さらに日本商品をボイコットする運動が高揚した。そこで満蒙の権益を譲歩して本土での市場で日本の商品を販売する取引をするか、支那本土を販路にすることを断念し、日本がコントロールできる場所を確保するかの二つの外交政策を選択することになった。前者が幣原外交で、後者が田中(義一)外交であり、「どちらとも決心がつかずに中間を歩いて来た」とする。九月一八日の事件、つまり満州事変はこの決着をつけ、本土の商品排斥から安全な地域を獲得する戦略を選ぶことになった(「社会思想と理想主義」⑬三二二)。

当時の文脈で、軍部やファシズム批判と対外強硬策の否定は必ずしも結びつかなかった。『福岡日日新聞』の主筆・菊竹淳(一八八〇-一九三七)の例を挙げる。河合と同様、五・一五事件を猛烈に批判する論陣を張り、地元の陸軍から圧力を受けた。他方で幣原外交に対し「日支関係を今日のごときにいたらしめたるは、幣原外交の軟弱が支那側の放縦驕慢を挑発せるところに原因する」として痛烈に批判した。[10]「幣原外交は、従来しばしば日支協調を高唱しては、支那の侮蔑を買い、日本の国威を失墜し来った」結果、支那が日本への要求を増大させ、関東州の旅順、大連返還まで求めるようになったという。[11]革命外交に対し宥和的な外交に国内世論が批判的であったがゆえに満州事変が容認されたのである。[12]協調外交批判は、軍部の政治進出を憂う菊竹のようなジャーナリストでも同様であった。[13]当時、普通選挙やメディアの発達によって国民世論の影響が外交にも及んでいた。旧来の専門家による閉ざされた外交が、支那ナショナリズムに圧倒され、国民の批判の対象となり、よりわかりやすい政策が求められるようになった。民主化の進展による国民の政治意識の高揚がかえって対外強硬論の推進力になっていた。その世論をしばしば大衆政治家が煽動していた。

河合は満州を確保することの経済的意味を疑問視していた。市場や移民先としての魅力は乏しく、戦争を前提とする戦略上の利点に限られる。しかし、その確保はかえって戦争の原因ともなるし、国際的孤立を招いてしまった。国連を脱退し、ロンドン軍縮の期限が切れ、戦前のドイツ以上に日本のミリタリズムが批判されることになった（「社会思想と理想主義」⑬三四）。河合は満州事変に否定的であった。ただし日支が正面から戦火を交える事態に至ると、すべての外国利権を否定する革命外交に対して、日本の条約上の権利でもって抗弁するのは責任ある立場の者としては当然であろう。

満州事変で、権益の危機が解消したようにみえたが、再び支那側のナショナリズムの攻勢にさらされ、宥和外交と強硬外交のせめぎ合いは続いた。そしていったん事が起きると、一気に世論が軍事活動支持に向かったのも同じである。事変勃発後、新聞各紙は、事件の責任が国民政府側にあるとし、軍事解決を求め、論壇でも同様であった。[14]『中央公論』一九三七年一〇月の臨時増刊「解説危局支那読本」で大西齋（東京朝日新聞論説委員で東亜同文書院卒[15]）の論文「南京政府の行方」は、「西安事件以来、日支の衝突は避けえぬ運命になっていた」とし、「日本は最初から不拡大主義をもって事変を局地的に喰い止めようと努力したのであるが、支那側の抗日意識によって、見す見す拡大さるるにいたった」とした[16]。堀江邑一（昭和研究会事務局に所属、後に満鉄調査部[17]）は、『中央公論』九月号での論文「北支事変の経済的背景」において「日本にとっては満州事変以後達成せられたと考えられた経済的国防的安全感がその後の国際的国内的情勢の変化によって覆されんと」し、「多年国力を賭し、資力を傾けて経営し来った満州建設の努力が一朝にして水泡に帰せんやも計られざる危険ありと考えられるに至っている」と解説した[18]。

河合は政府における大陸問題の拙劣な対応や一貫性の欠如を次のように批判した。

峻厳に支那の責任を追究すべき場合に、有耶無耶の中に葬り、寛大に恕すべき場合に、徒に過酷な強談判を持ちかけることがなかったか、或いは実行の確認のないのに、強硬な要求を試みて相手の聴かない時に、手を拱いて退却すると云うことがなかったか（「日支問題論」⑲三四四）。

満州の軍事占領に懐疑的であったが、幣原の宥和外交を支持していたわけでもなかった。

既得権益を手渡したとしても本土での現地の工業との衝突は避けられず、根本的解決にはならないと考えていた(「社会思想と理想主義」⑬三二)。そして「歴代内閣の政策が異なったり、同一内閣の下に於てさえ命令が二途に出ることがなかったか」と問いかけた。こうした外交が相手において「日本の真意を推しかね、適応に苦しむ」(「日支問題論」⑲三四四)ことにつながったと指摘した。[19]

つまり日本側の問題は、支那問題が「致命的重大問題であるに拘わらず、国論を遂に一定するところなく、混乱と動揺とを反復していた」ことにあるとした(「日支問題論」⑲三四四)。外交方針が対立する中で現地の状況に場当たり的に対応し、それが適切でないゆえに問題が拡大したと見立てた。後世から振り返ってみるも、この時期の大陸政策は軍部に明確な領土拡大計画があったわけでなく、政府や軍部の各部署の思惑が絡み合い、組織原理の中でなし崩しに戦線を拡大したのであった。[20]河合はこのような状況を看破していた。戦争目的がはっきりしないまま、総力戦に突入する事態を憂慮したのであった。

「日支問題論」において、支那事変の意義を整理することを説いたのは、こうした意識ゆえであろう。世間で言われる日本側の大義名分を六つ取り上げ、一つ一つを検証・反駁した。天然資源確保、仮想敵国との戦争にそなえての経済的準備、作戦準備、「持てる国」と「持たざる国」の闘争、中国民衆の幸福、アジアの列強からの解放という論点である。[21]戦争目的がはっきりしないことを問題視したのである。

『中央公論』の論文は、日記によると一九三七年七月二八日に「抗日支那大衆に告ぐ」という内容で依頼され、「力を入れて書いてみよう」と思ったようである（「日記Ⅱ」㉓八八）。河合ら自由主義者には論文執筆の場があったが、言論の規制を感じていた。実際、『中央公論』の同年九月号の矢内原忠雄による論文が攻撃され、教授辞職の引き金になった。事変の具体的な解説が多い他の論文に比し、矢内原の文章は、抽象的で晦渋で一般人にわかりにくいが、猛烈な批判を浴びた。河合は七月三日に、懇意にしていた法学部助教授矢部貞治の「戦争の危機と平和主義者の態度」という講演に赴いた。この際、「どうせこの様な情勢では平和論も、自由論も実際的効果はないが、併しこの学説をこの様な時勢の中でも守り続けて、之を後に来るべきものに遺すのだ」と決意した。[22] 言論の不自由を感じながらも、なんとか自論を展開しようとの意気込みがあった。事変の勃発に際し、知識階級が「既に発生した事件は止むをえないとして諦め」、「権力の前に屈する外なし」としたり「口を緘して意中を語ろうとしない」、「考えることとすらなく、唯浮き草の如くに生活する」ことを批判していた。「いかに戦争を考えるか」、「真剣に戦争の意義を検討して、吾々の道徳的信念と戦争とを交渉せしめねばならない」ことを強調した（「日支問題論」⑲三二四）。

矢部が、九月一三日に外務省情報部長から事変の意義を問われたように、当時、欧米の知識をもつ自由主義的知識人に対して、現前する事態の理論的説明を求める動きがあった。それは外交が大衆化し、世論の支持を集めるための理由が求められ、また国際社会における日本の正当性を欧米に訴える必要があったからであろう。たとえば、三木清は、河合論文が掲載された『中央公論』一一月号に「日本の現実」という題で、事変の思想的基礎を模索する論文を発表している。[23] 三木は、近衛文麿のブレインである後藤隆之助によってつくられた昭和研究会で活躍し、一九三八年には東亜協同体論を発表した。この研究会の設立の際、中心人物として河合の名が挙げられたこともあり、[24] 彼もまた時局に対する見解を求められていた学者であった。

「日支問題論」では事変の意義を再考察することに多くの紙数を費やされた。戦争の目的についてあいまいであることが、事変の無原則な拡大につながったと考えていた。目的の明確化は戦争の限りない拡大を防ぐための、当時可能な言論手段であった。とくに、河合は、第一次大戦末期にウィルソン大統領の演説を聴き、戦争遂行のための国民統合と、そのための理念の重要性を認識していた。帝国主義国家相互の戦争であったが、自由や人道主義を掲げた英米と、皇帝専制のドイツやロシアに違いがあった。前者は、理念の下に国民を結集できたのに対し、後者が戦争長期化によって国民の厭戦感情を招き、軍部独裁や階級対立で自壊した。議会主義にこだわり、軍部の政治介入を批判したのもこの歴史的反省を踏まえてのことであった。

「日支問題論」で掲げた大義名分は、日本の自由独立と国家としての品位の尊重であった。支那政府の革命外交を批判する論拠であった。さらに西安事件以後の「支那赤化」の脅威を訴えた。「支那赤化」によって「ソヴェート聯邦の一部と成り、コミンテルン幹部の司令によって動く傀儡となる」ことを懸念し、「コンムユニズムなるイデオロギーを提げた新装帯国主義がここに現れ、支那をその傘下に収めんとしている」と警告した。「朝鮮、台湾の独立と日本のプロレタリア解放の為に、宣伝は勿論資金を供与し、場合によって武器をも提供する」ことで、日本の脅威となると主張した（「日支問題論」⑲三四二）。

こうした「支那赤化」の問題は、事変当初から注目されていた。当時の自由主義ジャーナリストである馬場恒吾は、『改造』一〇月号で「日支事変の動機は昨年一二月、蔣介石が西安で監禁されたことにあるのではないか」とし、この事変は「イデオロギー戦の性質」をもつとしていた。[25] 同じ『改造』で下條雄三という論者は、西安事変で蔣介石は共産党に降伏したとまで言った。[26] 蔣介石政府の強硬な態度に、共産党の影を感じる見解も根強かった。[27] これはうがった陰謀論でなく、国際法秩序を全面的に否定する革命外交という具体例もあった。共産主義イデオロギーがもつ道徳否定、階級闘争の問題は、河合の懸念するところであった。国内でようやくおさまったマルクス主義が東アジアの秩序を脅かすのは看過しえないことであった。日本が自由独立と品位の尊重ということを放棄しない限り、「国家としての権利を主張して、侵害を拒否せなければならない」という。この点こそが、支那事変遂行のための道徳的根拠であると考えた。

この共産化の問題は日本国内だけでなく、アメリカでも関心をもたれ、日本に共産主義の防壁としての役割を期待する向きもあった。満州事変勃発時、スティムソン国務長官が日本の経済制裁を進言したものの、フーバー大統領が受け入れなかった理由であった[28]。赤化の防止は英米が容認できる戦争目的でもあった。

事変の決着点として、支那に①満州国の接壌地域において同国を攪乱する虞れある軍備宣伝を為さざることの確実なる保証、②抗日侮日教育の根絶、③日本を列国と差別することなく、自由に資源を獲得せしめ、資本の投下と商品の輸入の歓迎、④コミンテルンとの絶縁という条件を求めた。これらは日本の自由独立と品位にとって重要であり、戦後に両国が協力するための前提であった[29]。この条件は当時の廣田外相が進めた和平工作よりも緩かった[30]。

先に述べたように欧米諸国には親近感を抱いていたが、大陸のことをあまり知らなかった。近代化をめざす日本国家において、関心の対象は欧米であり、河合のようなエリートの目も欧米を向いていた。片や明治以来の日本にとって、大陸の政治不安は近代化の支障になっていた。東アジアにおいて独力で安全保障に目を配らねばならず、幾度かの戦争を経験し、そのたびに国力を消耗してきた。大陸は重要であるが、よくわからない厄介な地という認識があった。

一九二六年に発表した「朝鮮のこと」というエッセイでは、日露戦争の開始時に「骨を長白山頭に埋むと云う言をよく聞かされた」と言い、「十代の少年に云いようのない悲壮の感激を起こさしめた」ことを回顧していた。当時、「日本の一切の問題があの一角にある」ことを国民の皆が意識していたという。そして現在、「日本の国防の為には吾々は満韓国を忘れてもよい程切ない境遇から解放され」たのであり、それは「思えば同胞幾万の御蔭である」(「朝鮮のこと」⑮二五三)とした。明治生まれには、日露戦争時の対外危機と国民の国家への献身は具体的経験としてあった。そして大陸の混乱は、近代化の前途にたえず降りかかる容易ならぬ問題という意識があった。

「日支問題論」では唐突とも思える調子で、両国の地政学的関係についてとうとうと語っていた。「思えば測り難き謎の国支那を近接国に持つとは、いかに日本は呪われた運命にあろう」、「吾々のみならず吾々の子孫は支那を扱うに、窮し悩み苦しみ悶くであろう」と慨嘆し、「今後五十年百年の永きに亘り、日本と支那が隣接する限り、色々の紛争は次々に起こるであろう」(「日支問題論」⑲三四三‐三四四)と予言した。事変の大義名分にも増して、強調したかったのはこの部分ではないか。このことは後に触れることにする。

「日支問題論」の翌月にも『中央公論』一二月号に論文「外交の革新―外交当局に寄す―」を発表した。事変観を知るには、この論文をもあわせ読む必要がある。そこでは、外務省について「国民は必ずしも全幅の満足を感ずることが出来ないと見え、霞が関［外務省］の存在をすら疑惑するものがあり、外交機関の独自の職能は萎靡振るわざるものがある」と言い、「外交当局の反省と奮起を促す」（「外交の革新」⑲一八三）ことを主題とした。続いて、外交の変化と外交官の資質や活動の問題を具体的に論じた。

注目すべきは、外交の一元的統一を求めたことである。この箇所は伏せ字が多いが、中央政府の決定に対する軍部の逸脱が問題を困難にしたと示唆し、軍部の政治介入を、第一次大戦でのドイツ陸軍のルーテンドルフ将軍の独裁に比した。「非常時の克服」に「各々がその持ち場を確守する」ことを訴え、外交当局に政策決定を任せることを示唆した。軍部独裁がドイツの国民統合を危うくし、階級対立の結果、革命が勃発し、敗戦に至ったというのである。

そこで事変決着の主動的役割を外交当局に期待した。「将来の日支をいかなる関係に置くべきか」、「日本国民が支那事変をいかに結末付くべきか」を主たる問題として挙げ、ビスマルクのドイツが普墺戦争の際、オーストリアに寛大な条件をもって講和した例をもちだした。このビスマルクの例は、当時、日支和平工作者によって唱えられていた。[31] 河合は、外交当局に「躊躇する国民を鞭うって戦争を貫徹する気魄があるか」、「勝利に誇る国民を抑制して、寛容なる結末を強行する勇気があるか」という覚悟を問うた。彼の意図は後者である。外交当局によって、事変を収め、両国の提携にもちこむことを示唆した。そして「日支の提携は人類進化史上の一時期を画するものと思う」とまで言った（「外交の革新」⑲一九八－二〇〇）。

両国の提携については、先の論文「日支問題論」でも示唆していた。対支政策の核心を「いかなる支那が日本にとって望ましいか」を決定することにあるという。そして資源・人口大国の支那を恐るべき強国として、分裂と混乱を望む態度を否定した。この記述は、軍部による華北での諸工作を意識したのであろう。諸勢力の分立が事態をコントロールしやすいという考え方は根強かった。河合は「統一し、覚醒した支那は、恐るべき強国であるかもしれないが、妨止することは出来ない」と断言した。他国を弱め、自国の安きを貪り、日本が安眠をなす方法は、日本国民の沈滞と頽廃という代価をもたらすと批判した。日本にとって「望ましき支那は、道徳的に偉大なる支那でなければならない」という。対等な国家と国家との関係を望んでいたのである。近代国家としての地位を認めるゆえに、国際法にもとづく日本の権利義務を尊重することを求めた。大陸の権益を主張するも、軍部のように力によるなし崩しの要求ではなかった。

こうした両国の提携を、河合らしく道徳的表現で訴えた。大国である支那を隣国に持つことは不幸であるものの、日本にとっての向上の機会であるともいう。「日支問題論」の最後は次のような訴えであった。

だが運命の不幸は、弱きもの眠るもの停まるものにとって呪われるであろう、然し強毅なるもの、向上するもの邁進するものにとって、不幸は必ずしも呪われない。運命の不幸に触発されて、彼等は奮起するであろう、かくて隣国支那を持つことに於て、吾々の日本の運命は恵まれている（「日支問題論」⑲三四四）。

近代化の支障であった大陸問題を日本が生きていく中での試練と考え、その克服のために、戦後の両国の提携が必要であると考えたのである。国家の運命を人生論的に表現するのは彼らしい。人格の成長が自己だけでなく、利他的でもあることの延長であった。

このように日支提携を訴えた背景には、当時の戦闘状況があった。日本軍の攻勢で一二月の段階で、南京陥落が予測できた。一九三七年末の総合雑誌の論文は、事変の勝利を予想したものが多くみられる。『中央公論』一二月号では米内山庸夫（東亜同文書院出身の在支外交官）が論文「南京政府の将来」で支那が「負けることは確かである」と断言し[32]、また吉岡文六（東京日日新聞編集局長）は論文「蒋介石独裁の動揺―敗残支那の行方を思ふ―」で「戦争そのものには支那が破れることは問題あるまい」と書いている。[33] 秋以降、戦闘よりも戦後処理に関心が移り、『中央公論』は一二月号に「北支開発号」という臨時増刊を出した。座談会記事で、犬養内閣の外相であった芳澤謙吉でさえ「戦局がどう発展しても日本国が負けると云ふことはあり得ない」と断言した。大陸に知己をもった犬養の女婿であり、中国公使を経験し、戦後も大使となった人物の判断である。もはや戦争の行方よりも、日本による地域開発が中心に語られていた。[34] この状況にあって、日本が軍事行動を自制し、和平を進め、両国の連携を深めるのは、戦争終結に向けての現実的な一案であった。一一月から一二月の一時期が両国和解の大きな機会であり、[35] 河合の主張は、的外れではない。『中央公論』における他の論文が実務家による楽観的な現状分析が中心であるのに対し、大局的な立場から、しかも現実性をもって今後の方向を論じた。後世の批判者による「自国本位的で、ご都合主義的見解」、「既成国家体制と侵略主義を擁護した」という酷評は、当時の文脈から離れることではじめて可能になろう。

河合は、一二月二六日から翌年の一月一〇日まで北支を視察した。出発直前に「自分の地位の危険」が報じられたが（「日記Ⅱ」㉓九〇）、「今度の支那事変を以て、日本の運命を分かつ重大な岐点と思っている、この事変の将来はどこに落ち付くであろうか」と思い、心が躍って出かけた（「済南に入るの記」⑲三四五）。第一次大戦の際、欧州の現地を見てみたいと役所に求めていた彼らしい言葉である。直前に視察した矢部貞治と違い、自ら積極的に出かけたようである。そして艱難辛苦の末、戦線を廻り、現地でいろいろな要人と会った活動的な視察であった。

この視察の内容は、一九三八年の『日本評論』二月号、三月号にエッセイ「済南に入るの記」、「北京と天津」として掲載された。前者においては、兵隊と生活をともにした状況が具体的に、そして彼らの境遇に同情し、祖国愛に感動した様子が描かれている。戦場の人々の「感激と情熱と純情」に比べて、内地のインテリの「猜疑心と冷淡無関心と卑怯怯懦」を感じ、戦いに身を賭す武人に対して、学徒として身に賭するべきものを考えたという（「済南に入るの記」⑲三六〇－三六一）。河合は、軍部の横暴と戦ったが、国家のために職務に専念する軍人に対して好意的であった。

後者の論文で語られたのは、支那人を理解し付き合うことの難しさであった。天津在住の日本人から、支那人の拝金主義、事大主義、残忍性、相互扶助の話を聞くも、「支那人の道徳は日本人の道徳とは違う」、「日本流の道徳を規準とすると、支那人は不道徳のようにもなる」として、「支那人は支那人として、その中に身を投じて観察する必要がある」と説いた。

さらに「実際は支那人と欧米人の方が、支那人と日本人とよりも近いので、欧米人を中間に挿んで、支那人と日本人とは極端に対立する」という印象をもった。そして「単に同文同種だからと云って、何か日支が近似しているように思い、日本人の目で支那人を観察したり批判したりするのは、根本的に誤っている」と結論づけた。それは、国家主義者が情熱的に東亜の連帯を訴え、大陸進出を企てることの疑問と考えてもよいであろう。[36] この感想は、当時にあって政治的な意味をもった。

「兎も角支那人は謎の民族である」といい、「支那と露西亜と云う二つの謎の国を隣りに控えた日本は、恵まれているというべきか呪われていると云うべきか」との感想を述べていた。欧米をよく知っているが、大陸は未知の領域であった。論文の最後で、「日本は北支と云ふ大物をつかんで、どう始末するのであらう、大きな重荷を背負ったものだと思ふ」とし、「北支工作」について「抑々国民は之に対して、いかなる成算があるのであろうか」（「北京と天津」⑲三七一－三七四）との問いかけは、大陸深くまで入り込んだ日本の前途への不安の表明である。いわゆる支那通が、戦後の北支開発を楽観的に述べていたのとは異なる。帰国後の日本工業倶楽部の講演において、河合は「日本は、米英との戦争に突入し、満州、朝鮮はもとより台湾、琉球をも失うことになるだろう」と述べ、参加者を驚かせた。この判断の根拠については後に考察する。

　河合は大陸進出の疑念をかなり早い段階から抱いていた。満州事変勃発前に「日本はあらゆることを賭しても満蒙に執着しなければならないほど、日本の産業の為に満蒙は必要なのか」、「あらゆることを犠牲にするに値するほど、満蒙に対する日本人の感情は、抜き差しならぬものなのか」と問いかけた。国民における満蒙への既得権意識により支那ナショナリズムと全面衝突をもたらすことを危惧していた。「両国の精力を浪費し、対外問題を控える結果は国内の政治組織を専制的にして往くであろう」との懸念をもち、満蒙問題の固執は政治的反動につながることを警戒していた（「高原の生活」⑮三二〇）。

両国のナショナリズムに引きずられ、なしくずしに大陸問題に日本が深入りすることへの危惧は、欧米に在住経験のある文官エリートの中にあり、早期和平を支持していた。河合は、一九三七年一〇月に近衛首相から招かれ、時局に対する意見を聴かれた。近衛の不拡大方針に賛成し、迅速果断な措置と誠意を尽くして誤解を解き、平和の基礎を固めるように進言していた。[37]

河合が欧米通の政治家と異なるのは、大陸への関与に漠然と不安をもつのでなく、早い段階において、自己の自由主義の見地から、日本の危機を予想していたことである。欧州大戦の具体的経験から戦争を論じる点で、多くの者と違っており、それを自負していた。自身の経験を次のように語っている。

筆者は一九一八年戦争の末期に米国に於て、戦争の遂行を注視していた。又仏白戦跡を巡って、いかに惨酷なる破壊であるかを目撃した、又一九三二年独逸に於て戦争映画を至る処で見て、興奮して劇場を出ながら、戦争を阻止すべき義務を、熟々と吾が身に感じたのである（「迫りつつある戦争」⑲二六八）。

かつて日本が近代化の過程でおこなった戦争と、来るべき戦争との相違を認識していた。一九三三年のワシントン条約、ロンドン条約の失効を前にし、各国が猜疑心をもち、軍備拡張をおこなう状況を、第一次大戦勃発直前のヨーロッパの状況になぞらえた。そして、戦争勃発後の日本の運命について、次のように予測した。

若し日本を中心とする極東の戦争が仮定されるならば、その戦乱の広範囲なること、引続き諸国の渦中に巻き込まれる可能性の多いこと、その期間の長期に亘る危険性のあること、決定的の勝敗の困難なることに於て、我が国は歴史上空前の難関に逢着し、その惨害の著しき吾人をして竦然たらしめるものがある。而も藉すに異常の努力を以てせざる限り、大勢は日本を駆りて此の危険なる深淵に刻々として近づけつつあるのである（「非常時の実相とその克服」⑪二一）。

個別の事変について直接の評価を避けながらも、いくつかの論文の中で、戦争自体について好ましくないと述べていた。

2 迫りつつある戦争の危機

河合は、戦争自体について否定的な考えをもっていた。それはすべての戦争を否定する平和主義でなかった。労働党のラムゼイ・マクドナルドのような投獄覚悟の平和主義者に敬意を表していたが、支持はしなかった。国家には、やむなく戦争という手段に訴えねばならない状況があることを認めていた。[38]他方、第一次大戦の総力戦をいち早く理解した日本人の一人であり、国力のない日本が、総力戦で破滅に至る危機も予感していた。一九三八年に「事変前に於て日本を中心とする極東大戦が、日本の運命に及ぼす影響を考えて、憂慮措く能わざるものがあった」とし、「極東大戦を回避するための工作の必要を唱えたことがある」(「一学徒の歩める道」⑳一〇三)と回顧していた。戦争反対と唱えたことは一度もなかったが、支那との戦争が「今までの戦争とは違って日本を測られざる運命に陥れる」として、「出来得る限り戦争を避けたほうが宜いという立場を採った」と自身の裁判でも明言していた（「公判記録」㉑一二九）。

戦争について自論を展開したのは、国際秩序の危機と戦争の可能性が感じられた一九三二年秋から次年にかけてである。一九三四年二月一九日の新聞で戸坂潤が「河合教授が論壇を席巻し始めた」と書いたように（「日記Ⅱ」㉓五三）、河合の評論・講演活動の絶頂期と重なっていた。同年一二月にこれらの時論をまとめて『ファシズム批判』という書物を出した。本の内容に河合は満足しており、「グリーン以来自分の仕事に段落を付けて呉れ」たとしていた（「日記Ⅱ」㉓五九）。論文「五・一五事件の批判」、「国家社会主義の批判」を含み、後に発禁となり、起訴対象となった。この時期の評論は、一九三二年から一九三三年にかけてのドイツ留学での経験にもとづいている。この事情について裁判ではっきり語っていた。「ドイツに起こりつつある所のファッショ的傾向が日本にも起こるであろうが、断然抑止しなければならない」と考え、さらに現地で戦争映画をみて、戦争の禍の非常に大きいことを感じた。そして、極東大戦が起こり得ることを予想し、「出来るだけ自分は尽力して大戦の勃発を防ぎたいという感じをもってドイツから帰って来た」という（「公判記録」㉑三九）。

この時期、政治家と会合をもっていた。一九三三年一一月一一日には「色々の会合が近頃おこなわれる。火曜には近衛文麿氏、木曜には政党政治家と学者との会合等。二、三日前から書きかけた往来の「非常時の実相とその克服」とを今朝十時に了えた」(「日記Ⅱ」㉓五一)とある。また一二月三一日に書かれたその年の総括として「書斎に引き籠らずに色々の会合に出ることにした。色々の問題と資料とを与えられた」との記述がみられる。政治と距離をおいていただけにこの積極的行動は注目される。

一九三三年当時の日本では、非常時という言葉が流行語となっていた。国内経済は、大恐慌の痛手から急速に回復しつつあったが、対外関係において数年後の危機が迫っていた。同年に国際連盟を脱退していた。ワシントン条約は一九三四年に二年の予告期間をもって脱退通告をすることになっており、ロンドン条約は一九三六年に自然失効した。軍事面においては無条約時代に突入することから、一九三五、三六年の危機がさかんに言われていた。高度国防国家建設を訴えた陸軍パンフレットが出たのも一九三四年である。河合は当時の状況を「今日の世界が戦争の危機に臨みつつあることは、一九一四年以上だとさえ云われて、世界各国は刻々として危険なる戦争への道程に道を駆りつつある」と危惧していた(「非常時の実相とその克服」⑪一三九－一四〇)。

同時期、不安という言葉が流行していた。一九三四年一月に河上徹太郎は、シェストフの『悲劇の哲学』を訳し、それが版を重ね、青年の間で「シェストフ的不安」が論じられた。シェストフは忘れ去られた思想家であるが、この当時、邦訳の著作集が刊行されるほど注目された。河上は、当時の不安について「満州事変から大戦へ向って用意されていく時勢に対するインテリの知的不安を意味する」とし、「知性的なものの考え方が行詰まっていて、何か他の素朴簡明な絶対命令に服従する所に救いがあるのではないか、という迷いもそこには含まれている」と説明した。[39]

三木清は同年末のシェストフ著作集の編集に携わった。前年『改造』六月号の論文「不安の思想とその超克」において、この不安の流行について次のように述べている。

しかるに日本においても昨年あたりからインテリゲンチャの精神的状況にかなり著しい変化があらわれてきたのではなからうか。ひとはこれを満州事変といふ重要な事件を目標にして特徴付けて事変後の影響と呼ぶことができる。事変後の影響によつてインテリゲンチャの間に醸し出されつつある精神的雰囲気はほかならぬ「不安」である。それは今後多分次第に深さを増し、陰影を濃くして行くのではないかと思われる。[40]

三木は、不安の流行が「如何に活動すべきか」を問うたマルクス主義からの反動とし、「社会的不安は精神的不安となり、しかも「内面化」される」と論じる。そしてそれは「精神的危機」、「知識の悲劇」であるとする。[41] そして「社会に信頼を失ふ、或ひは社会的に活動することを阻止された人間はいはば必然的に自己の内へ、内へと引き入れられる」と論じた。[42] 知識人が反動の時代にあいまいな態度をとるのは処世術であろう。不安を抱えながらも内面にこもることで時代の潮流に消極的に合わせていこうとしたのである。

河合は時代潮流に抗し、自己の立場を崩さず、その見解を明らかにしていた。同時期の論文「非常時の実相とその克服」、「国際的不安の克服」は、不安の流行が念頭にあったと考えられる。内面にこもる不安に対し、現実の戦争危機を直視した。「文明を思い、祖国を思い、個人を思うものは、今日に於て此の問題を看過することは出来ない」、「問題はいかに困難であろうとも良心あるもの勇気あるものは、之から卑怯にも面を背けてはならない」(「国際的不安の克服」⑪一四一)と訴えた。「生を祖先に受け子孫に告ぐ吾々は、此の時代に生まれて対策の機宜を失したならば、祖先と子孫とに対し見ゆるの面目があるまい」、「此の時期に成年期にあるものは、今こそ起って同胞の為に身を致さねばならない」(「非常時の実相とその克服」⑪四三)との言葉は、自身の公共精神の表明でもあり、内面に引きこもる同時代の知識人への批判でもあった。

河合は戦争の勃発を恐れていた。戦争一般について人格の成長に反すると考えていた。生命や身体の危険をともなう点で人格の存在そのものにかかわる以上に、戦争遂行が第一目標となり、社会改革が犠牲になることを恐れた。一九三三年秋の文部省主催の東大での成人講座では、さらに直截かつ平明に語った。

戦争ということの危険がある場合には、戦争を準備して居る間に於て、軍備拡張の為に莫大な金を予算の中からさかねばならない。外の教育であるとか、社会問題であるとかいう事柄を一切そこで延期して行くという方法を採らなければならない。本当に私共の成長して行くことは戦争の危険のある時には総て停止して行くという状態になる(「現代思想界の解剖と批判」⑬一六三)。

さらに戦争遂行のために国家が独裁的、専制的となることを危惧した。それは欧州大戦の経験でもあった。このことを人格主義と結びつけて次のように説明している。

目前の急に応ずる為には、能率本位が第一主義となる。かくして独裁主義的傾向が強まり、国論統一一糸紊れざらんが為に、言論の自由は抑圧されて、独裁が支配する。勝利を希求するが故に武力を崇拝する念が高まって、理論や理想は世の中に影をひそめる。正しくとも力がなければ駄目だと云う現実主義が横溢する、殊に人間をそれ自身神聖なる目的として尊重する人格主義は消え、単に手段として条件として用具として軽視する彼の嫌悪すべき価値観は、知らざる裡に社会に横溢して来るのである（「国際的不安の克服」⑪一六一－一六二）。

戦争では能率・統一・武力が優先され、人間は道具視される。人格主義そして自由主義や社会改革が停止してしまうのである。後の近衛内閣の国家総動員体制でその懸念が現実となってしまった。

五・一五事件、二・二六事件と軍人の政治関与を批判したのは、議会主義の擁護であるとともに、軍事国家化を懸念したからである。軍事と対外進出が国家目的となり、あらゆることが従属させられることを恐れた。国家主義が台頭した最大の原因を満州事変とみていた。満蒙問題は、国民感情に訴えるものであり、「国家主義の水源地」であると指摘している（「国家社会主義擡頭の由来」⑪九八）。五・一五事件について「軍備充実主義」と「大亜細亜主義」に導く企てを激しく批判した。「巨大な軍事費を計上する予算は、到底社会施設を顧みる余裕がない」ものであり、青年将校の訴える社会改革はかえって充分におこなわれないと警告した（「五・一五事件の批判」⑪六〇）。

さらに社会問題を抱える日本が「大亜細亜主義」を唱えても、支那をはじめとする亜細亜民族の共感を得ることが難しいとも指摘した。アングロサクソン人種からの解放を日本がめざしても、彼らは「寧ろ英米の方を選ぶであろう」とまで言い切った。それは「日本の内部に於て同胞に対してさえ充分の自由を与えていないのに、その日本から外国は充分なる自由を与えられることを期待し得ない」し、「英米にはたとえ不徹底なりとも自由主義的思想が浸潤している」からである（「五・一五事件の批判」⑪六二）。東亜の盟主を自負した日本の社会的脆弱性を鋭く指摘していた。「軍備充実主義」および「大亜細亜主義」と、社会改革の併行は、日本の財力が許さないとした（「五・一五事件の批判」⑪六三）。

対外進出の前に、国内で自国民が人格成長ができる状態にあるかをまず問うた。とくに社会問題を放置して、対外拡張をめざすことを批判した。社会問題の未解決のまま戦争に突入し、国家崩壊に至ったドイツの例を引き、講演で大胆に語っていた[43]。

若し非常時国際情勢ということが日本の危機であると考えて国内の社会的の情勢を片付けないならば、理論的に矛盾して居るばかりでなく、実は国際的情勢に対する国民の抵抗力が萎靡して来るであろう。是は戦争に於て独逸がやったことである。短期間の場合に於ては国内がどうかなって居ても、又熱狂した衝動で動くことも出来るが、国内に片付ける問題が残されて居る時は、長期に亘ると国内で瓦解して行くことが起こらざるを得ない（「現在思想界の解剖と批判」⑬一六五）。

先述のように戦争が世界大戦に展開し、その結果、日本に「空前の難関」と「その惨事」をもたらすと危惧していた。総力戦が与える打撃だけでなく、日本の国際的孤立という現状からの帰結である。「大亜細亜主義」が近隣諸国に受け入れられず、欧米各国からも嫌悪されていると観察していた。三度目の留学の際、日本の「ミリタニズム」への反感をヨーロッパで経験していた。講演では、そのことを直截に述べた。それによると「今日の日本が外国から受けている反感は戦前の独逸よりも、もっとひどい」という。日本の政治が「武人政治」であり、「武人が独裁的の権力を以て総てを行なって居る以上、世界は平和に眠ることは出来ない」と警戒されている。先の戦争では、世界の多数の国にとって、ドイツそのものよりもその帝政、軍閥を打倒することが目的になったが、それより「もっと、もっと強い感じで世界は日本を見て居る」と聴衆に警告した。それは日本自身がつくった国際情勢であるという（「現在思想界の解剖と批判」⑬三五－三六）。「ミリタニズム」の日本は、いったん戦争が始まると欧州大戦のドイツと同様に諸外国から孤立し、植民地を失い、国家崩壊にさえいたると予測した。そして、この「ミリタニズム」を推し進めるイデオロギーである国家主義を批判した。

河合は、盧溝橋事件の直前まで戦争回避のための執筆をおこなっていた。一九三七年七月に出された「迫りつつある戦争」は最後の訴えであった。「一九三一年満州事変が起こった当時の日本と、今日の日本とに、非常なる差異のあること」を冒頭で強調しているように、戦争の危機が切迫しているとの意識があった。その心境を「竦然として膚に粟を生ぜずにいられまい」、「心は一層暗澹とならざるをえない」との表現であらわしている。「次の大戦」が「宣戦布告などの遑なき間に、突如として国民の眠れる間に戦闘が開始される」とし、「非戦闘員が惨禍の中心となる」との予想は、将来の戦争を言い当てた。論文では戦争の淵にあって、国民に戦争をおこなう覚悟があるかどうかを切実に問いかけた。明確な国家的目標がなく、その場限りの対応を繰り返し、いつの間にか戦争直前の状況に至ったことをよくわかっていた。そして「今日ほど迫りつつある戦争に対して、精神的準備の不足していることはない」ことを憂えた。この評論の最後における「かくて日本の危険は、国際状勢にあらずして国策の成らざるにある。危うきかな日本」との悲痛な嘆きは、戦争に突入していく日本への無念の思いと祖国の将来への不安が表れている（「迫りつつある戦争」⑲二六七–二七二）。戦争によって、明治以来築き上げてきた日本の近代社会と国際的地位が一気に失われてしまうことを危惧した。

そして戦争勃発後、一転して論文「日支問題論」などを通じ、日本の立場を訴えることになった。その心境を「一旦事変が発生した後に於ては、既に我勝つか我敗れるかの二途あるのみで、祖国の自由独立は為に脅威を受けるに至った」、「一国政府が抗日侮日の政策を標榜するが如き、又コミンテルンの指令に共鳴する隣国を抑えることは、日本の自由独立の為に必要だと説明し得るものがある」と振り返っていた（「一学徒の歩める道」⑲一〇三）。総力戦という未曾有の戦争に対し、知識人は危機を認識しながらも、複雑かつ多様な態度を余儀なくされたのである。

〈註〉

1　大内『経済学五十年』二八八頁。もっとも大内は河合を「セミ・ファシスト」というなどかなり主観的である。
2　土方『事件は遠くなりにけり』二〇六頁。
3　松井『河合栄治郎』二五五頁。
4　出原「戦争と知識人」二八二頁。
5　出原、前掲論文、二八三頁。
6　大杉『日中十五年戦争史』三四一‐三四五頁。
7　岩本『近代日本のリベラリズム』六八頁。
8　松本三之介『吉野作造』（東京大学出版会、二〇〇八年）三三二頁。

9　この解釈については、拙稿「教養と社会改革―社会思想家　河合栄治郎（三）」『駒澤法学』（二〇一一年）第一〇巻第三号参照。

10　一九三一年九月二〇日「日支軍隊の衝突」、木村栄文編『六鼓菊竹淳　論説・手記・評伝』（葦書房、一九七五年）一七二―一七三頁。

11　具体的に菊竹は次のように述べていた。「支那が、つねに幣原外交を有する内閣の出現を歓迎するは、労せずして多年の希望を達成するの可能なるがためである。現に支那は、日本に対して法権撤廃を施行せんとし、日本がわずかに微温的対案を提出せんとすれば、支那は、いっそうその上手に出て、旅大［旅順・大連］回収を提議しつつありとさえ伝えらるる。」一九三一年四月二四日「幣原外交の業績」、木村、前掲書、一六二―一六三頁。

12　南京政府の対日攻勢については、満州事変前に、ほかならぬ幣原喜重郎も手を焼いていた。幣原は、中国が「日本に対して露骨な侮蔑政策をとっていた」ことが、日本軍人の不平不満という「薪に油を添えた感がある」と回顧していた。そして、対日強硬策が世論を刺激し、幣原外交批判につながったと分析していた。幣原喜重郎『外交五十年』（中公文庫、一九八七年）一七三―一七四頁。

13　『日本経済新聞』二〇一〇年八月一一日の特集「戦争と言論人　足跡を訪ねて（4）」で、菊竹の激烈な軍部批判を高く評価しているが、他方で「植民地主義を是認する社説も書いており、石橋湛山のような生粋のリベラリストではなかった」としている。こうした評価の仕方は、大杉や出原が河合を論じるのと同じである。そこには、自由主義者と平和主義者が一致するとの前提がある。

14　掛川トミ子「マス・メディアの統制と対米論調」、細谷千博・斎藤眞・今井清一・蠟山道雄編『日米関係史4　マス・メディアと知識人』（東京大学出版会、一九七二年）三七－三八頁。

15　中野正剛や緒方竹虎と福岡市の修猷館中の同窓で共同生活したこともある。風見章もいた。中野の口利きで朝日に緒方と一緒に入社した。渡邉行男『緒方竹虎リベラルを貫く』（弦書房、二〇〇六年）二六頁。

16　『中央公論』一九三七年臨時増刊「解説危局支那読本」三〇頁。

17　調査部の同僚であった岡崎次郎（戦後、九州大学教授となり、『資本論』翻訳者）によると、「日共崩れ」として満州に来た者の長老格という。岡崎次郎『マルクスに凭れて六〇年』（青土社、一九八三年）一四七頁。

18　『中央公論』一九三七年九月号、三九－四〇頁。

19　具体的に幣原外交について次のように論じていた。「一般に幣原外交が妥当だと考えられても、対手国が支那であり、問題が満蒙権益の確保にある時に、この外交はややもすれば批判を受け易い。殊に幣原外交の欠点は、正当なる主張をなす場合にも、断乎たる態度を欠きたるにある。この点に対する不満が、一般的にも幣原外交への不信を醸した。」（「国家社会主義擡頭の由来」⑲一九七）また他方で、幣原外交が欧米に対して、日本の評判の向上にもつながったとも評価していた。「長い間ミリタニズムの日本と考えられていたのが、十年の幣原外交に依って、殆ど消えかかって来た」という（「現代思想界の解剖と批判」⑬三五）。

20　この過程について中村菊男『昭和政治史』（慶應通信、一九五八年）、『満州事変』（日本教文社、一九六五年）参照。

21 この具体的議論の詳細については、松井『河合栄治郎』二五六-二五七頁参照。

22 矢部貞治『矢部貞治日記　銀杏の巻』（読売新聞社、一九七四年）一三頁。

23 三木清、蠟山政道、矢部貞治など自由主義的知識人の少なからぬ者が近衛文麿につながる昭和研究会に関係していた。研究会設立の際、近衛は中心人物として河合に依頼したものの辞退し、友人の蠟山政道を推薦していた。酒井三郎『昭和研究会』（中央公論社、一九七九年）一三頁。

24 帰京後の九月九日に「軽井沢の最後で国策研究会の相談を受けた」との記載がある（「日記Ⅱ」㉓五〇）。近衛には一九三七年の一二月にも意見を聴かれている。

25 馬場恒吾「事変下の議会」『改造』一九三七年一〇月号、五四-五五頁。

26 前掲雑誌、五九頁。

27 その他に尾崎秀実も論文「支那は果して赤化するか」（『実業之日本』一九三七年一〇月号掲載）で、誇張されてはいるものの「支那の所謂「赤化」は大体間違ひの無い趨勢であらう」と断定している。米谷匡史編『尾崎秀実時評集』（平凡社東洋文庫、二〇〇四年）一二〇-一二一頁。尾崎はゾルゲ事件から振り返ると、日ソ戦回避の誘導ともみられ、割り引いて考える必要はあるだろう。昭和研究会にも属した有力ジャーナリストとして、その見解は社会的影響があった。

28 勝田龍夫『重臣たちの昭和史　上』（文藝春秋社、一九八一年）一四二頁。

29 自由主義者である小泉信三は『改造』一二月号において学生への訓示として「日支両国の和親はただ吾が完全なる戦勝の暁に始めて論ずべき問題となる。これは悲しむべきことであろう。しかし我々には今となっては此以外に道はない」と述べている。小泉信三「日清戦争と福澤諭吉」『改造』

一二月号、二一八頁。戦争で打撃を与えなければ、日本との提携という支那政府の路線転換が難しいとの認識がある程度広がっていたのではないか。

30 松井、前掲書、二六四頁。

31 同盟通信社社長の岩永裕吉が「ビスマルク的転換」と言い出し、昭和研究会のメンバーが対支政策の中で盛んに唱えていたという。酒井、前掲書、八六頁。

32 『中央公論』一九三七年一二月号、一一六頁。

33 前掲雑誌、一二五頁。

34 『中央公論』一九三七年臨時増刊「北支開発号」一二一頁。

35 猪木正道は、一一月五日から一二月一日を国民政府と大日本帝国にとって、運命の転機であったとし、「南京を占領できる態勢の下に、トラウトマン工作によって寛大な条件の下で戦争を収拾するのが、わが国にとってただ一つの正しい進路であったことは疑問の余地がない」としている。猪木正道『評伝吉田茂　3　雌伏の巻』(ちくま学芸文庫、一九九五年)一二二-一二三頁。

36 三木清が「同種同文論」を批判し、「日本と支那との間に「東洋の統一」が民族的にも言語的にも存在しない」ことを述べたことにも共通する。三木清「日本の現実」『中央公論』一九三七年一一月号、二〇頁。

37 江上『河合栄治郎伝』二五一頁。公判時の記録によれば、一九三七年一〇月下旬に「その時の政局の要路に当たっている人」から呼ばれて、「日支事変をどう片付けたら宜いか」を問われたという(「公判記録」㉑一三二)。

38 河合は、平和主義について「吾々は世の所謂平和主義に与してはならない。何故なれば、安価な感傷を以て平和が獲得されるほど、戦争の由来は浅薄ではない」（「国際的不安の克服」⑪一四一）と述べていた。第一次大戦時のイギリスにおける平和主義者の実践行動と過酷な運命を知っている河合は、心情的で安易な平和主義を受け入れることはなかったと考えられる。

39 河上徹太郎『私の詩と真実』（講談社学芸文庫、二〇〇七年）五七頁。

40 『三木清全集』（岩波書店、一九六七年）第一〇巻、二八六頁。

41 前掲書、二九〇頁。

42 前掲書、二九一頁。

43 河合は、「非常時の実相とその克服」において、同時代の不安を「国際的不安」「社会的不安」「政治的不安」の三つに分け、「社会的不安」を最重要なものと考えた。富が少数の大資本家に集中し、中産階級が没落し、労働者階級が生活に苦しんでいる状況である。とくに戦争の危険をはらんでいる状況では、第一次大戦のドイツと同様に「社会不安」が国家崩壊に結びつくという。この「社会的不安」の克服は、軍人でなく、議会を通じた文民政治家によって行われるべきであるとした（「非常時の実相とその克服」⑪三二一－三二四）。

第六章

自由主義の擁護

1 議会主義の危機

河合栄治郎が「戦闘的自由主義者」として評価されたのは、滝川事件、五・一五事件、二・二六事件で、歯に衣着せぬ批判を展開したことで、軍部ファッシズムと戦ったことによる。言論の自由が圧迫される中で、その行動は異例のものであり、後世はもちろん、同時代においても賞賛された。

しかし、それは、軍部ファッシズムあるいは国家権力への抵抗という点に焦点が集まり、思想自体を積極的に評価するものではなかった。自由主義は当時において時代遅れの議論であると受け取られ、また戦後においても、それは同様であった。

本章で注目するのは、軍部ファッシズムが横行したとされる中で、数年以上にわたって河合が自由主義的議論を展開することが可能であった状況である。その主張は近衛文麿をはじめ、要路の人物の関心を集めていた。満州事変後、ファッショ化が進み、軍事国家への道を歩んでいったという単純な史観では、河合の文筆活動の同時代的文脈は理解できない[1]。ファッショと闘う自由主義者という英雄像は人々の心を打つが、社会的地位がある者として現状をどのように認識し、それを改善するのにどのように現実的な努力をおこなったかを知ることこそ、自由主義思想家である河合の本領を解明することにつながる。

河合は、一九三六年（昭和一一年）に経済学部長に就任し、[2] 評論・講演も積極的にこなし、人生でも絶頂の時期であった。それは、明治維新以来、発展していった日本の国力の絶頂期とも重なってくる。戦争の危機下にあったが、商業や大衆文化も戦前最後の花を開かせていた。東京オリンピックの開催も決まった。だが一九世紀以来の議会政を前提とした自由主義的議論は、一九三〇年代の政治・経済変動を迎えて、世界的にみてもマルクス主義やファッシズムの改革圧力におされていた。政治運動と結びつき、既存国家の根本的改造をめざすこれらのイデオロギーに対し、自由主義は、統治能力を失いつつある帝国議会を擁護し、資本主義の危機的状況にうまく対応できない、遅れた思想として、受け取られていた。河合は、この自由主義にこだわり、明治以来の国家体制の改革的継続をめざし言論活動を展開した。台頭した国家主義に対抗し、自由主義が挽回可能と考えていた。本章では、河合の自由主義的主張を同時代の政治的文脈と照らし合わせて分析することで、その議論のもつ政治的意味を明らかにし、思想史的意義を提示していきたい。

一九三〇年代は世界的にみても自由主義の危機の時代であった。イギリスにおいても議会政治は三党鼎立の不安定期にあった。シドニー・ウェッブ、バーナード・ショー、ハロルド・

ラスキなどかつての自由主義的知識人は、マルクス主義に傾き、ソ連の共産主義体制に親近感を抱いていた。[3] 河合はこの時期のイギリスに留学し、自由主義的議会政の動揺を経験した。社会主義的改革を期待した労働党は、失業手当問題をきっかけに分裂し、選挙で保守党に大敗していた。

河合は、一九二九年の英総選挙後、論文「英国総選挙の批判」（一九三一年『中央公論』一二月号掲載）で、議会政における社会主義の前途について語っていた。この選挙の結果は、イギリスに限らず「社会主義の前途は果して楽観的であるか否か」、「社会主義と国家主義とは、いかなる交渉を持つものであろうか」ということを普遍的に示すと考えた。イギリスは「政治的自覚の最も発達した民衆を持ち、考えうる最高の言論の自由を恵まれ、買収その他の不正行為の稀有である」というゆえである。労働党は、「世界の資本主義国に於て、最も堅実なる社会主義政党」であり、「政権を独力で把握しうる可能性に富む社会主義政党」であった。「マルキシズムを採る政党でない」のであり、暴力革命主義や無産者独裁をとらず、議会政と言論自由主義を主張していた（「英国総選挙の批判」⑥二〇二-二〇五）。

労働党は一九〇〇年代以降、順調に発展し、一九二三年に「名誉ある陛下の反対党」となり、一九二四年に第一次内閣、一九二九年に第二次内閣を組織した。「その党勢膨張の迅速なることに於て、正に驚異に値する」のであった（「英国社会運動の変調」⑥二三三）。しかし、恐慌による内閣崩壊後、一九二九年の一〇月の総選挙で、改選前二六五の議席を五二に減らして大敗した。この原因を選挙において「国家」か「階級」か、そして「国民的利益」か「階級的利益」かを問われたことにあると指摘する。「国家」「国民」の絶対性が民衆の間に不抜の勢力を占めており、社会主義の成長に至大の脅威を与えたことを観察した（「英国社会運動の変調」⑥二三二）。この総選挙の教訓は、社会主義が国家主義と対立する時に、打ち越え難き障害に際会するということであった。この時期、戦間期のコスモポリタニズムが後退し、ナショナリズムが各地で強まっていた。この観察はこれから先の日本の状況を示唆するものであった。

さらに一九三二年に渡英の際、社会主義陣営の左傾を目の当たりにした。当地でマルクス、レーニンに関心がもたれ、議会政に対する懐疑的意見が出ていた。そうした言論を代表するのはハロルド・ラスキであった。前回の留学において直接話したことがあった。この学者は、当時マルクス主義の影響をかなり受け、ソ連の共産主義体制をも支持する発言もあった。『危機と国家体制』においてベンサムに匹敵する社会改革者としてレーニンを挙げ（「英国社会運動の変調」⑥二五九）、『危機の中のデモクラシー』では同時代のイギリスが資本主義維持党と社会主義党という社会秩序の根柢について全く見解を異にする二つの政党に分立したとし、議会政に否定的見解を示していた。「議会主義の要件たる言論による説得、他人の説に対する寛容、多数者の決定に対する服従」が「自然に跡を絶つ」とし、「絶対多数党の決定した政策」でも「暴力を以て実施を阻止することが予想される」と言っていた。つまり、労働党が議会で多数を握っても資本家の暴力的反撃に遭うに過ぎないというのである。さらに議会主義をヴィクトリア朝時代の特殊事情が許容した歴史的遺物にすぎないとさえ言っている（「英国社会運動の変調」⑥二六三）。河合が言論規制を考慮し紹介しなかったと思われるが、ラスキは、英ソの政治状況の相違を留保しつつ、レーニンの暴力革命を容認していた。選挙結果を無視して資本家が暴力的反撃をおこなった場合、暴力革命が起こる可能性も示唆していた。[4]

河合は、ラスキの反議会主義について対案が不十分であると批判した（「英国社会運動の変調」⑥二六二－二六四）。そしてマルクス主義の感化を受けすぎていると考えた。[5] ラスキの主張は、議会政治に悲観的でありながらも、暴力革命を積極的に支持しているわけでもなく、結局何を言っているのかわかりにくい記述であった。対案がないと批判されたのもうなずける。

ところでラスキは戦後の一時期、日本でもてはやされた。この戦間期の左傾についても丸山真男は「同一の主旋律が一本の太い線のように流れている」「変化を規定する不変なもの」があると理解していた。[6] 河合とのラスキ評価の相違は、丸山ら戦後知識人と社会思想研究会同人との知的距離を示している。

河合は、イギリスにおける議会主義が根強いことを観察していた。ケンブリッジにおいて実在論の哲学者によるマルクス主義批判があることも知っていた（「英国社会運動の変調」⑥二六九）。そして、何よりも多くの人士との会談で、議会主義が確固としたもので労働党の将来に期待できることを知っていた。たとえばフェビアン協会のセクレタリーであったガルトンによれば、総選挙での労働党の投票数が依然として多く、一九四〇年より先のこととしながらも、次の次の選挙で絶対多数党となり、第三次労働党内閣ができるという。バーミンガムのウッドブルック・カレッジの教頭ウッド（自由党員）は、英国民が立憲的で、労働党も共産主義に走ることはないとし、急進派の独立労働協会の会長ブロックウェーもまたマルクス主義の暴力主義、道徳軽視に批判的であった（「八年振りの英国」⑥三一四－三一八）。これらの意見を聞きながら、マルクス主義や反議会主義が知識人はともかく一般国民に支配的でないと実感していた。自由主義が社会に浸透していることを具体的に理解していたのである。

さらに左翼知識人の憧れの地、ソ連を訪問していた。日本のみならずイギリスでも訪ソ経験者は限られていた。『経済往来』一一月号に訪問記を掲載した。ソ連では「特別警察の看視の目が鋭くて、とても自分で露西亜人の生活の中に混って何か独自の観察をする訳にいかない」ことを承知していた（「露西亜の旅」⑥二九九）。訪問は外国人旅行者向け模範的施設の見学にとどまった。だが、それでさえ日本と比べ設備が古くて機械もよくないことを観察し、食堂、医療室、娯楽場も「格別珍しいものでない」と見てとった。元工場監督官補の面目躍如である。美術館でのプロレタリア芸術をグロテスクと感じ、共産主義を絶対的なものと考える通訳の婦人に閉鎖国特有の夜郎自大的傾向をみている。小学校の校長が革命後の就学率が格段に上昇したことを自慢したのも同様である。いずれも帝政時代と比較した結果であり、当地では「社会主義とは関係のない仕事も社会主義からの賜物として感謝されている」ことを発見し、資本主義とは遅れた帝政時代のことにすぎないと判断した。今のロシア人が幸福であるというのは、帝政時代との比較で考えるべきであり、ロシアの制度がよいというわけでないと言い切った（「露西亜の旅」⑥三〇四）。同時代のイギリス知識人、戦後、訪ソした日本の知識人が共産主義体制を賛美したのをみるならば、その着眼点は現実に即していた。共産主義に何の幻想ももたなかった。

2　自由主義勢力結集の期待

帰国した一九三三年（昭和八年）は、マルクス主義が凋落し、右翼が強くなっていた。ドイツで国家主義が国民の支持を得ているのを目撃しており、この現象は世界的であると認識していた。帰国後、日本におけるファッシズムの進展を憂慮し、戦争回避のための言論活動をおこなうことを決意した。[7]

『中央公論』一九三四年二月号の論文、「マルキシズム、ファッシズム、リベラリズムの鼎立」（初出の題名は「混沌たる思想界」）は、三つの思想が並び立つ状況を描いた。ファッシズムの全盛期が終わったとし、自由主義思想体系構築の意義を強調した。

河合は、日本のファッシズムを思想として評価していない。「著しく消極的、反動的であり、積極性と建設性とに欠けている」と否定的であった。「所謂自由主義の上に立脚した諸政策を反対の対象としたもの」に過ぎないとした。要するに「曾て為された政策や唱えられた思想に対する反感拒否の跡が認められるだけで、自らが実現せんとする積極的の理想に就いては漠として知るところがない」、「若し少しなりとも積極的の目標を持たんとする時に、忽ちに見解の不統一性が曝露され来る」と、思想としての成熟性に疑問を投げかけていた。

こうした消極的思想が台頭した理由は、マルクス主義と同じく、「資本主義の機構に何らかの変革を加えるだろうという期待にあった」という。民衆は社会変革の担い手としてプロレタリア運動に期待したものの、それが絶望であると判断されると、ファッシズムに期待を抱いた（「マルキシズム、ファッシズム、リベラリズムの鼎立」⑪二七一）。日本のファッシズムは「運動を先にして思想を後にした」ものであり、運動が思想の運命を左右し、運動は思想なきために停頓すると予想した。その停頓現象がすでにあらわれており、ファッシズムが第二段階に入ったと分析した。

つまり第一段階は、共産主義と同様に「現存政治機構に真正面に対抗し、その全面的の変革を企てるもの」であり、「憲法上の諸機構を無視して、特定の政治機構を建設しようとする」ものであった。その攻撃対象である現存の機構は、壊滅するほど脆弱なものでなく、「奇襲に狼狽した」ものの、機能を回復してきた。そしてファッシズム運動は、第二期に入り、「現存政治機構の中に自己を没入し、それらの機構を左右することによって自己の目的を達しようとした」とする。例として軍事予算の閣内での争奪、五省会議の設置、内政会議における社会改革論を挙げている。このことをもって「現存機構は崩壊の危機を脱却した」とみなした。ファッシズム運動の中心となった軍部は「野に放たれた虎」であったのが、今や「檻に入れられた虎」になった。この現象から「日本のファッシズム運動はすでに峠を越した」、

「余震は幾度か繰り返されようとも大震は既に経過した」と判断した。ファッシズムで「現存政治機構に自己を没入して、和衷共同する」ものはありえず（「マルキシズム、ファッシズム、リベラリズムの鼎立」⑪二七三－二七五）、体制内にとりこまれて現実化すると予想していた。

こうした判断の根拠にはドイツの社会民主主義運動史が念頭にあった。反体制的なマルクス主義政党の社会民主党が勢力拡大につれ体制内化した。それはナチスも同様とみていた。論文「ヒットラーの国民社会主義運動」（一九三三年『経済往来』二月号）によると、同年のヒットラー内閣の成立をもって運動が下降期に入ったとみていた。一九三二年の総選挙で、「国民社会主義党」（ナチス）は議席を減少させ、勢力回復のために組閣に応じたと考えた（「ヒットラーの国民社会主義運動」⑥三一－三二）。国民主義と社会主義を結合したことで党勢を伸ばしたが、両立できなくなり、社会主義が限界点に達し失望を招く時が「ヒットラー党の失墜期」とみていた（「ヒットラーの国民社会主義運動」⑥四一）。後の独裁体制の成立をみると予想は外れたようにみえるが、社会主義一派の粛清など、国民主義と社会主義の内紛は実際起きていた。ナチスの超法規的暴力は予想を超えていた。

日本のファッシズムを停頓させるのは、「日本の各方面に散在している自由主義的勢力である」と考えた。彼は明治以来の自由主義の発展を評価していた。「思想は社会制度に実現をみると共に、実現された制度は逆に思想を育成する」とし、憲法制定前に相当の自由主義が存在し、以降は、憲法に規定された自由を育成していった。そして「大正七、八年欧州大戦の末期からマルキシズムの擡頭に至るまでの間に、短くはあったがデモクラシーが説かれていた時代があった」と振り返り、その雰囲気の中で育った青年が三十五歳から五十歳までの年齢層であることに期待をかけていた（「マルキシズム、ファッシズム、リベラリズムの鼎立」⑪二七八－二七九）。河合の年代を中心にした世代である。

こうした自由主義は、「一つの渾然たる思想体系を構築するに至らなかった」と反省する。「自由主義者は社会の広汎なる方面に散在しているにかかわらず、彼等の自由主義は意識されず組織化されず、唯消極的、反撥的たるに止まって、強烈なる信念となるに至らない」といい、「体系をなしていないから、それ自身矛盾し対立する各個の思想は、雑然として一自由主義者の内面に混在している」（「マルキシズム、ファッシズム、リベラリズムの鼎立」⑪二七九）が、各自由主義者に思想の共通性があると考えた。唯物論に反対し、理想主義を支持し、国家主義に反対をし、個人主義を支持することに加え、内政では強権を排斥し、外交では国際平和を希望し、さらに議会主義を支持していた。

自由主義者は「各種のエキスパートとして現存社会機構の中にそのままに浸透した」のであり、政党、官僚、学校、言論界、工場の技師、病院の医師に広がり、「その他ありとあらゆる機構の中に浸入して、その機能を運転することに、自由主義のイデオロギーを躍動させている」と評価した。組織化していないが、天下に散在する自由主義者は専門的技術者として「かけ甲斐なき存在価値を持ちつつ、蔚然として一勢力を形成していた」という。その結果、「見えざる内にファッシズムの進展を阻止して、その停頓まで導いた」のであった。具体例として軍事予算拡大に対抗する大蔵大臣や少壮官僚の努力を挙げ、「軍部の中に於てさえ自由主義者の一片はファッシズムを掣肘していた」(「マルキシズム、ファッシズム、リベラリズムの鼎立」⑪二八一)とみていた。

こうした自由主義者のあり方はマルクス主義者と対照的であった。マルクス主義者の場合、「少なくとも職業的のマルクス運動員を養成するに止まって、実際社会を運転するエキスパートに乏しい」という。「華やかな一握りの集団が景気よき社会批判をする」よりも「堅実なエキスパートを各方面に配置して、抜き差しならぬ存在価値を握る」ことを重視した。自由主義的実務家はファッシズムの台頭に際して「之と自己とを比較することにより、はじめて自己を意識することが出来た」とし、また「ファッシズムと見えざる裡に抗争することにより、はじめて自己の力を認識することが出来た」(「マルキシズム、ファッシズム、リベラリズムの鼎立」⑪二八二-二八四)という。同時期の自由主義についての評価は高く、論文「自由主義の再検討」において「近頃の日本の思想界に著しき傾向は、ファッシズムの圧倒的勢力とマルキシズムの凋落と、自由主義の擡頭とである」(「自由主義の再検討」⑪二九一)とまで述べていた。

危機の時代において、既存体制の根本的変革が求められていたのに対し、河合は不備を感じながらも現存の政治機構の意義を認めていた。その体制の下で自由主義が発展し浸透したという。自由主義を「ある意味に於て現存秩序を構成するイデオロギー」(「自由主義の再検討」⑪二九一)として、「日本に自由主義の主張する自由が制度の上に実現されていることは確かである」(「自由主義の再検討」⑪三〇八)と断定した。その制度とは、明治憲法で認められた、政治的自由の実現としての帝国議会、居住移転の自由、財産の自由、言論、著作、印刷、集会、結社の自由であり、さらに民法、商法、刑法その他の特別法規であった。

しかし、憲法での自由がそのまま実現されていたとも考えていなかった。日本を取り巻く国際状況のために制約を受け、国家の存立が優先されてきた。「国家の統一と独立」という「国家的自由」の擁護のために、国家の運命と個人の運命は同一視され、自由主義が個人主義を捨て、国家主義に隷属していた。憲法上で認められていた言論、集会、結社の自由も制限を受けていた。自由主義的制度は「民衆の要求と納得」の上にもたらされたのでなく、欧米の文化制度を移植したものであり、「制度と民衆の思想との間に大きな間隙があった」ことも認め、その間隙を埋めることを政府はおこなってこなかった(「自由主義の再検討」⑪三〇九－三一〇）とする。

河合は大正の一時期に自由主義が発展したことに注目した。明治の末期に「日本の独立を脅すべき危険は去った」のであり、安全保障のために自由を制約する必要は減じた。この時期に「国家から個人が分離して、個人は独立の存在として自己を意識するに至った」（「自由主義の再検討」⑪三一八）のである。そして「哲学界文芸界に於て個人主義が擡頭するに至った」とし、「興味ある一時期」であった。これは大正教養主義の時代であった。この時代に十分に発展できなかった自由主義の検討を自己の任務として意識したのであろう。そして時代の雰囲気を知っていた世代に自由主義の擁護を期待した。自身の世代が教養主義に属し、国家主義になじんだ前世代やマルクス主義に感化された後世代と異なることを自任していた[8]。

明治以来の自由主義は現存機構に浸透しているが、一切の社会制度の再検討を求めているマルクス主義とファッシズムに対抗するのに十分でないとした。単に消極的反発的であった自由主義に組織と体系を与えることが重要であり、社会思想家の任務とした。この作業は、明治以来の近代化の方向を思想的に明確化することであった。近代国家体制は、さまざまな問題についてはっきりとした結論をつけないまま、現在の状況に遭遇し体制の根本的批判を受けるに至ったという。つまり「国際団体と国家、国家と個人、強権と自由、経済と生活、等の如き根本的問題に就いて、明治以来夙に態度を決定しなければならなかったのだが、次々に延期されて今や総決算をせねばならない時に到達した」という（「マルキシズム、ファッシズム、リベラリズムの鼎立」⑪二八四―二八八）。その〝総決算〟において自由主義思想の検討は不可欠であった。

しかし戦争の危機は自由主義復活の期待に暗い影を投げかけた。この時期、戦争を強く危惧していた。一度は峠を越したファッシズムの復活をもたらしかねないからである。「一九三五年の軍縮を契機とする戦争の危険」をファッシズムにとっての「最後の切り札」と言っていた（「マルキシズム、ファッシズム、リベラリズムの鼎立」⑪二七五）。つまり戦争における臨時非常の政治状況に乗じ、ファッショ政治が確立される可能性を憂慮していた。もともとファッシズムを「非常緊急の状態に適応する臨時的の思想であって社会の永続的恒常的な思想でない」（「マルキシズム、ファッシズム、リベラリズムの鼎立」⑪二六八）とみていた。ファッシズム復活阻止には、軍縮会議の成立と戦争回避という外交的努力以上に、祖国防衛と軍隊が、必然的にファッシズムと結びつくような連鎖を打破する思想的準備が必要であった（「マルキシズム、ファッシズム、リベラリズムの鼎立」⑪二七六）。実務で事実上展開してきた自由主義を体系思想としてできるだけ早く再構築すべき理由であった。

明治以来の近代国家体制の中に自由主義の発展を見ていたが、この体制に重大な欠陥があることも認識していた。それはこだわり続けた社会改革に関係する。この国家は自由主義的側面とともに深刻な社会格差をはらんでいた。普通選挙、政党政治の発展は民主化の期待を抱かせたが、名望家政党による議会政治は政争や党派的利益の追求に熱心で、社会問題を解決できなかった。一九三〇年代の政治・経済危機に際して、労働問題、農村問題が深刻化し、既存の政党、財閥における統治能力の欠如が明らかになると、マルクス主義、そしてファッシズムが台頭し、既存国家体制の根本的変革を求めた。近代国家が社会的不平等を正当化する抑圧機構として、そして自由主義がそれを擁護するイデオロギーとして右翼にも左翼にも映っていた。河合は同時代の議会政治の欠陥を理解しながらも、自由主義的伝統を基礎とした国家体制を維持することを望んだ。そのために社会問題解決をめざした社会主義的改革が必要であると考えた。

3　五・一五事件の思想的批判

河合は留学の最中に勃発した五・一五事件と世論の反応に関心をもち、事件を批判する論文「五・一五事件の批判」を執筆した。帝国海軍の軍人が武器を用いて政府首脳を殺害したことを激しく糾弾したことで知られるが、実力行動にまして、事件の公判が進むにつれて「多数の人を感動させている」事態を深刻に受け止めた。この事件は「単に一回だけ起こった孤立的の事件でなく、日本の広範なる社会層に漲る思想の表現したもの」として「之に表現された思想は今後も永く命脈を保持してゆく」と考えた（「五・一五事件の批判」⑪四五）。そこで事件首謀者の行為のみならず、その思想にも逐一、激しい批判を加えた。

この事件の問題は、共産主義者が社会改革のため、非合法手段を用いるのと同様、右翼も直接行動に出たことである。それも軍部という体制内組織を基盤とし、左翼と違い、世論の広範な支持も集めたことである。左翼が国家の否定や天皇制の廃止、戦争反対、法律道徳の否定といった、多くの日本人に受け入れがたい主張をしているのに対し、右翼は、国家と国体の尊重、軍備の拡張等、「一般余人の共有の思想」を含んでおり、改革論は世間に受け入れられやすかった（「五・一五事件の批判」⑪四六）。

五・一五事件批判の形式をとりながら、国家主義、天皇至上主義、反議会主義、軍備充実主義、大亜細亜主義、反資本主義という右翼改革論を一つ一つ論破することを試みた。批判の中心は共産主義と同様、直接行動と独裁主義にあった。とりわけ軍務に専念すべき軍人が決起し、武力をもって独裁を達成しようとしたことを問題視した。直接行動を容認する世論に対して「近時の大新聞の記事と云い世上論客の態度と云い、冷静な思慮判断を失したものが少なくない」とし、「平衡を失せざる冷静を必要とする」と呼びかけた。伏せ字になっていたが、「愛国報公の念に発したことを以て、手段の如何を問わず之を是認する」ことならば、共産主義をも咎めることはできないとまで言い切っていた（「五・一五事件の批判」⑪五三）。何よりも超法規的実力行使が多数の民衆に支持される事態を憂慮していた。

4　滝川事件・天皇機関説事件と学問の自由

一九三三年（昭和八年）の滝川事件は言論弾圧として、天皇機関説事件や河合の出版法違反事件とともに論じられることが多いが、この事件について学問の自由、大学の自由という形式的自由の侵害を問題にした。かつてマルクス主義者の大森義太郎や山田盛太郎が大学を追放された際に主張したように、実践活動と思想を区別し、非合法活動を行わない限り、大学教授は研究の自由をもち、大学は教授の身分について自治権をもつという論理である。滝川事件は、「非合法の実践の故を以て問題となったのでなくて、同氏の抱懐し発表した思想の故を以てその地位を問われた」ことに問題があると考えた（「滝川事件と大学自由の問題」⑪二〇五）。大学教授としての学説が文部大臣によって問題とされ、その地位を追われることを不当とした。河合によれば、大学教授は第一に「学説が日本の国体に違反しない限り」、第二に「非合法の実践を為さない限り」、第三に「大学と云う社会の道徳律に違背しない限り」において、「その地位が保証されるべき」であった（『国家・大学・大学令』⑪二一七）。そしてその教授の身分は、大学という部分社会の自治によって保護されている。主張の背景に多元的国家論があった。

もっとも、大学教授の学説発表の自由と大学の自治は、当時の社会において必ずしも広く受け入れられたものでなかった。滝川事件の際の文相は政党政治家の鳩山一郎であり、戦前・戦後ともに世論の動向に敏感な党人派の代議士であった。かつて大森義太郎による東京帝大の内幕暴露が『文藝春秋』の目玉論文として連載され、続いて諸雑誌で大学の実態を批判する記事が出たように、大学に対する羨望と妬みの感情は世間に根強かった。華族や財閥と同様に大学は閉ざされた特権社会とみられ、偶像破壊的な記事が歓迎された。滝川事件は大学関係者にとって大事件であったが、世間一般は、特権をもち優遇される大学教授の追放を喝采していた。

たとえば、前章でとりあげたジャーナリスト菊竹淳は、滝川事件について「滝川氏退け」との論説を『福岡日日新聞』で発表した（一九三三年五月二二日）。菊竹は、文部省が事態の取扱いを誤ったとしながらも、「大学をもって他の学府と何とか特別なる自由の郷であるごとく考えることは、とうてい許されぬ」とその特権に批判的であった。「研究の自由という一点ばりをもって、文部省の主張を拒否することは、おそらく公平なる第三者を首肯せしめない」という言葉をみても、大学教授の学説の自由を認めることに消極的である。[9] 他方で菊竹は一般大衆が軍人の直接行動に共鳴することを憂慮していた。同年九月一五日の論説「五・一五事件の論告」では、国民が「純情の青年軍人の心事に同情する」ことや「事件そのものをすら是認するかの傾向」を「国家の運命そのもののために慄然としておそるべきこと」と論じた。[10] このような彼が大学の自由、研究の自由を批判したのは、当時の世論の実情をみるうえで興味深い。

後に河合を苦しめた原理日本社の蓑田胸喜をはじめとする右翼勢力の攻撃は、学説そのものよりも、帝国大学教授の特権に対する世間の批判を追い風に展開していた。特権階級の教授がとんでもないことを言っているらしいという印象操作で国民の反エリート感情をかきたてた。後の河合の休職処分にも世論は必ずしも同情的でなく、大学教授の派閥抗争に対する批判のほうが強かった。学問の自由のために闘ったという評価は、大学関係者などに限定されていた。自由主義の砦であったはずの大学は、多くの国民にとって既存国家体制における不平等の象徴としてみられた。陸軍省新聞班長の中佐が陰で河合を〝酒屋の小僧〟呼ばわりしていたように、軍部内での河合攻撃は帝大教授への反感もあった。[11]

一九三五年における美濃部達吉の天皇機関説事件は、滝川事件と違い、国家体制の根幹にかかわる重要問題であった。それまで定着していた明治憲法の自由主義的解釈を否定するものであり、河合にとって自己の国家観にもかかわる、より深刻な事件であった。美濃部が攻撃された原因の一つは、前年の一〇月に出された陸軍省のパンフレット「国防の本義とその強化の提唱」を批判したことにあった。このパンフレットは、既存の国家体制を変革し高度国防国家構築を訴えるものであった。美濃部は軍国主義を批判し、個人主義と自由主義を明治維新以来の「帝国の大国是」とし、その成果が日本の急速な発展であるとした。

河合はかねてより美濃部の自由主義を支持していた。一九三四年七月の『帝国大学新聞』で美濃部の著書『議会政治の検討』を評した。そこでは統帥権を用兵作戦と軍編成を分けた解釈に着目していた。この統帥権解釈は河合の裁判でも問題にされたように軍部にとって重要な問題であった。そして「最近数年独裁主義の勢力の強かった時に著者が力を籠めて議会主義を擁護された努力」を高く評価し、「本書を通じてやはり自由主義者として自己の姿を躍動させている」と好意的に解釈した。[12]

天皇機関説が問題化した後、一九三五年四月一五日の『帝国大学新聞』に「美濃部問題の批判」を発表したが、自ら「こんなに慎重で洗練したことは今までない」と書いていた（「日記Ⅱ」㉓六七）。美濃部の学説が国体に反しているかどうかが問題になっているからである。

国体の否定は治安維持法の対象であり、それに同調する者も取り締まられた。そうした重圧の下で河合は「博士の学説が三十年間信奉されて来た」、「国体に違反しないと考えられた」とし、天皇機関説を国体違反と断ずるならば、批判者は今までと異なる国体概念を用いているると逆襲した。「国民の大多数が私と同じ国体論者である」とし、「国民の信念として一般に普及している国体概念は之一つである」とまで言い切った。さらに美濃部を批判する前に、自身の国体概念を明確に表明することを迫り、「先ず国体を明徴にすることなしに、若し概念の混淆に乗じて知らざる裡に概念を拡張し、特殊の政治的意見に援用することあるならば、それは決して公正な態度ではない」と敢然と言い切った。国体は「国民の胸奥にひそむ感情の自然の流露の上に根城を置く」ものであり、そこに「偉大な強み」が存在するという。「一抹の不自然さと強制さを意識させて、この自然の感情の活路を阻止する」ことを「正に寒心すべき事」だとした（「美濃部問題の批判」⑫一五－一七）。明治以来の自由主義的伝統を強圧的に否定することを、抑制された表現であるが、強く批判していた。

5　自由主義をめぐる「思想戦」

美濃部事件は、既存国家体制における自由主義の存続にかかわる問題であった。その意味で、土屋清が「美濃部問題は自由主義に対する右翼、およびそれに引きずられた政府からの攻撃が開始されたという意味において、歴史的な意味を持つ」（「解説」⑫三八三）としたのは正鵠を射ている。河合は自由主義擁護のための言論活動を積極的に展開した。組織、体系に欠ける自由主義をファッシズムに対抗する勢力として取りまとめようとした。近代日本の将来を決するイデオロギー論争であった。陸軍パンフレットの「思想戦」という言葉を使った。「機関説の排撃を契機として、より広汎な思想戦列が布かれつつある」ことを認識し、自身の覚悟を次のように言明した。

機関説を排撃したる或る種の思想家は、進んで自由主義、個人主義を吾が思想家界から一掃せんとし、之こそ正に明治以来なさなければならなかった思想戦であり、伝えられる昭和維新は之を以て始まるという。此の意味において機関説是非の議論から夙に脱却して、全思想戦線に亙って宣戦は布告されている。私はこの挑戦に応じようと思う

（「改革原理としての自由主義」⑫一八）。

これこそ戦闘的自由主義者というにふさわしい言葉であろう。パンフレットで個人主義、自由主義の「芟除」を訴えているのに対抗し、著しく戦闘的である。自由主義が「数百年間連綿として続いて来た思想体系」ということを強調し、「現存社会秩序を構成」するとともに「現在秩序に対立し、改革原理として社会進化の推進力たらんとしつつある」と誇示した。自由主義の確立こそ、真の昭和維新でなければならないとし、国粋思想との二大陣営の対立であると強調した（「改革原理としての自由主義」⑫三九）。

「思想戦」を宣言したことで、右翼からの誹謗中傷が激化した。美濃部と同じく国体否定論者との誹謗である。知識人に限定されたマルクス主義者と違い、右翼は実態がはっきりしない広範な勢力であった。攻撃は論理の世界を越え、はかりしれない不気味なものであった。

こういった中で、美濃部事件以降、自由主義の是非が論壇をにぎわしていた。河合は諸議論を整理しながら、日本の思想界を鳥瞰し、その分析と批評を試みた。「自由主義の批判を繞る思想界の鳥瞰」（一九三五年『経済往来』七月号）、「自由主義とマルクス主義との相剋──自由主義に対するマルクス的批判の再批判──」（同年『経済往来』一一月号）、「自由主義論争の結末」（一九三六年『日本評論』一二月号）を次々に出した。自由主義は体系性と組織性に欠けていると反省し、理論再構築のため、この思想をめぐる建設的論争を促した。しかし当初の意図に反し、向坂逸郎、大森義太郎の労農派マルクス主義者に論争以前の悪罵を浴び、不毛ともいえる議論の応酬に陥った。一九三五年当時、言論の自由は次第に制限されていたが、マルクス主義者の論文は総合雑誌にいまだに多く掲載されていた。「ファッショ的勢力の為に弾圧されつつあるマルクス主義者が、ファッシズムを批判するよりも自由主義を批判するに狂奔しつつあること」が明らかになったに過ぎなかった（「自由主義とマルクス主義の相剋」⑫一六七[13]）。

河合は自由主義的伝統に期待していたが、実務上はともかく、思想としての自由主義は、マルクス主義者の批判のとおり、過去のものとしてみられていた。論壇における自由主義の隆盛について、河上徹太郎は一九三三年『文学』五月号の評論「リベラリズムについて」で次のように書いていた。

即ち近頃のやうな社会的危機に際して、右翼のファッショ化が露骨に目的的なものになり、左翼は激しい弾圧によって活動を妨げられるか、さもなくば歪曲されると共に、リベラリズムと呼ばれるその中間的な思想層が消極的に勢力を拡大し、或いは相対的に進歩的な思想の代弁者と看做されるために活気を呈して来るといふのである。

河上はこのような考えを「目下行なわれている通説」といった。「左翼的言辞を弄しては何かの点で都合が悪いから便宜上自由主義の立場にゐる」とか、「行為の世界を抜きにして頭だけで鷹揚な態度で理解の境地に腰を据えてゐる」という「無気力や生はんかな妥協や行為の上の消極性」をさして「リベラリズム」と断定する当時の風潮を批判していた。[14] このリベラリズムの説明は、河合批判者の自由主義理解と共通する。向坂逸郎は、大学生が支持する主義のアンケートで最多数が自由主義との結果に不満で、今日の自由主義を「他人は他人の自由なる言動を勝手にするがよく、自分には自分の自由を許してくれ」というものにすぎないと一蹴していた。[15]

一九三六年九月、東京帝国大学法学部における緑会雑誌の懸賞論文で丸山真男は、注釈の中であるが「今日は市民階級の担い手たることをやめて「全体主義」の陣営に赴いている時代である」とし、「一九世紀においてブルジョア的自由主義を語るのはよい。二十世紀においてなおそれを語るのは無知に非ずんば欺瞞である」と言い切った。[16] 本文の最後でも「市民社会の制約を受けている国家構造」に否定的な見解を示し「弁証法的な全体主義を今日の全体主義を区別する必要が生じてくる」と述べた。[17] 丸山も自由主義を積極的に支持するわけでなかったようである。[18]「弁証法的な全体主義」への配慮は戦後、共産主義への宥和的態度にもあらわれた。こうした自由主義批判はイギリスでもあったのは先述のとおりである。河合が自由主義の理論的構築に努力したのは、それを過去の遺物視する議論に反発したからでもある。

一九三三年から一九三七年のいわゆる支那事変の勃発まで、河合のいうように、実務において自由主義勢力は一定の勢力を占め、ファッシズムと一進一退の状況であった。五・一五事件後の齋藤、岡田内閣において、藤井真信、高橋是清蔵相は軍部の予算増額要求に抵抗し、軍部も要求を通すのに予算折衝など体制内のルールに従っていた。政党内閣の復活はすぐには望めないが、既存国家体制が憲政の危機をなんとか乗り越えていくことが期待できた。

とくに一九三六年初頭にかけての政治状況は、河合の期待に応え自由主義が回帰する可能性もあった。総選挙は齋藤、岡田の挙国一致内閣のもとで先送りされていたが、同年二月についに実施された。民政党は「ファッショ排撃と憲法政治の確立」をかかげ、解散時より七八名増の二〇五議席を獲得し、第一党となった。美濃部を批判し、国体明徴を政府に迫っていた政友会は七一名減の一七一議席となった。さらに河合が期待をかけていた社会大衆党は五議席から一八議席と躍進した。そして無産党派の加藤勘十はファッショか、ファッショ反対かを訴えて、全国最高点で当選した。[19] 河合にとって自由主義勢力の底力をみせた会心の結果であった。二月二二日、「総選挙が終了して個人としては鶴見〔祐輔〕氏が当選し、全体としては政友の敗北、社大の進出は我が意をえた。近頃愉快なことであった」と記していた（「日記Ⅱ」㉓八〇）。ファッショ排除を支持する世論がこの選挙を通じて明らかになり、それを歓迎したのであった。

それだけに数日後の二・二六事件は衝撃的であった。事件当日に「自分は原理として構わずに自分を貫こうかと思う。あとは運命だ」と覚悟を決めた様子であった（「日記Ⅱ」㉓八〇）。数日前、美濃部達吉の襲撃事件もあり、身辺が危惧される状況であった。そして三月九日付『帝国大学新聞』に書いたのが「二・二六事件に就いて」であった。戦闘的自由主義者としての代表的論文である。「思想戦」の中で、国民多数の意志が反ファッシズムにあると総選挙で明らかになった後に、国家体制の一翼を担う軍部が暴力を行使したことに激しく憤っていた。冒頭で「二月二十日の総選挙に於て、国民の多数が、ファッシズムへの反対と、ファッシズムに対する防波堤としての岡田内閣の擁護とを主張し、更にその意志を最も印象的に無産党の進出に於て表示したる後」に起こった事件を「国民の総意を無視」するものとした。そして事件の犠牲者に「ファッシズム的傾向に抗流することを意識目的とし」、「身を以てファッシズムの潮流を阻止せんとした」と哀悼の意を示し、「ファッシズムに対抗する一点に於ては、彼等は吾々の老いたる同志であった」と断言した（「二・二六事件の批判」⑫四五‐四六）。先の論文で、高橋蔵相の態度を既存体制における自由主義浸透の現れとして評価しており当然の反応であった。

この事件にかかわらず、「社会の革新を行なうに足る政党と人材を議会に送ること」を国民に求め、「日本の黎明は彼の総選挙より来たるであろう」と二月の総選挙における有権者の意志になお期待をかけていた。「黎明は突如として捲き起こる妖雲によって、暫くは閉ざされようとも、吾々の前途の希望は依然として彼処に係っている」と前途に楽観的であった。「暴力は一時世を支配しようとも、暴力自体の自壊作用により瓦解する」との言葉は、あくまでも自由主義的議会政に期待をかけた知識人としての言であった（「二・二六事件の批判」⑫五〇）。

『帝国大学新聞』への発表の後、『中央公論』社長の嶋中雄作は、河合に「軍部に奉る書」を書くように依頼してきた。その要請にしたがって書いたのが、「時局に対して志を言う」であった。内容は『帝国大学新聞』のものと重なっているが、注目すべきは、まず軍部の首脳による粛軍を求めていることである。寺内陸相が「此の非常の難局に敢えて身を挺して、或いは起こりうべき一身の危険を予知しながら、国民と国軍との為に、盤根錯節を切断しようとしつつある」ことに、「同情と感謝」を向けた。少数のファッシスト将校をかつての共産主義学生に比し、当時の学校当局の対応を引き合いに出しながら、軍当局による「粛軍の大業」を求めた（「時局に対して志を言う」⑫五七－五九）。粛軍支持は、同年の斎藤隆夫の議会演説とも共通し、言論の制約ゆえの表現と考えられないこともないが、二・二六事件の打撃を受けながらも、既存の国家体制の復元力になお期待をかけていたと解釈するのが妥当であろう。

さらに注目すべきは、事件発生を促した国民の責任を問うていることである。現状の不満打破のために軍隊の武力行使に期待する「卑怯怯懦と他力本願」な姿勢を批判した。「その無責任なる態度がファッシズムの非違を看過し、その跋扈を誘引するに至った」と論じた(「時局に対して志を言う」⑫六〇)。この指摘は重要である。腐敗堕落しているとされた政財界に対し、実力での社会改造に期待する世論があった。河合はあくまでも議会政の維持を訴えた。「一部少数の暴力革命を否定して、国民の総意の上に於てのみ政治は為さるべきだと云う議会主義の信念にして不動磐石の重きを有していたならば、二・二六事件は起こらずして済んだであろう」と断言した(「時局に対して志を言う」⑫六一)。ファッシズムの台頭に対し、国民の信念と勇気が乏しかったことが事件の誘因となったとし、とくに社会の中枢を担う代議士、報道機関、学者・思想家・教育家の反省をうながした(「時局に対して志を言う」⑫六二)。憲政史上未曾有の不祥事に対して自由主義的伝統を担ってきた人々の結集を喚起した。

二・二六事件の後、日本人の性格について「団結の必要を余りに説かれて、周囲に順応する」「嫉妬心が強い」「理論で片付けられる問題が、愛情で片付けられる」と言っており、「国民的の幇間」が禁物であるとした（「日本国民の性格」⑲二八一－二八四）。そこで自由主義を担うエリートに社会の指導を期待したのであった。

事件の再発防止に向けた日本の改革について、国際平和機構の建設、議会主義の確立、政治機構の改革、資本主義的社会制度の改革、教育制度改革・教育原理改革を提案した。その推進勢力として社会大衆党に期待を寄せた。イギリス労働党と同様、階級的政党たるとともに国民的政党であり、社会主義政党であるとともに自由主義的政党であることを望んでいた（「時局に対して志を言う」⑫七〇）。地主を代表する政友会はもとより、都市に基盤をもち、国際協調外交に立つ民政党も結局、名望家政党にすぎず、社会問題の改革に消極的であった。二大政党の機能不全こそ、ファッシズムの温床であり、第三の勢力に期待した。

現在の眼からみると、社会大衆党の支持は時代錯誤にもみえるが、同時代の政治状況をみると、その希望も見当違いでなかった。[20] 二・二六事件は軍部の暴力を見せつけたが、逆にその横暴に対する反感もかきたてた。昭和天皇の怒りもあり、軍部の攻勢を抑える機会となり得る不祥事でもあった。河合は軍に対する世論の潜在的反感を代弁したことで評判が上がったといえる。事件後、成立した廣田弘毅内閣では組閣の際、軍部の介入があったが、総辞職の契機となった浜田国松議員による切腹問答のように政党による軍部批判も相当強力であった。次の林銑十郎内閣では、政党排除の組閣と強硬な国会運営に帝国議会のみならず、世論の反軍感情が高まっていた。反ファッショか議会政治かということが再び政治的争点となった。林内閣の「食い逃げ」解散後の一九三七年四月三〇日の総選挙では、社会大衆党が三七議席を獲得する大躍進を遂げた。選挙による国民の意志は明白で、社会大衆党が二大政党と並ぶことも将来的にあり得た。

河合は、一九三七年の『中央公論』六月号「社会大衆党の任務」において、この選挙結果を高く評価した。民政党、政友会、社会大衆党の投票数が絶対多数を占めていることは、「凡そ一切のファッショ的な核に対する国民総意の表現と看做して差し支えない」と断言していた。さらに社会大衆党の躍進について、「希望と予想とを現実化せしめた」とし、「日本政治史上に於て、特筆すべき重大な事実である」とし、一九〇六年にイギリス労働党が二九議席を獲得したことに比した。社会大衆党を、民衆の意志に依って革新を標榜する唯一の政党として、「日本の暗黒を打破すべき希望は、唯一つ此の政党の膨張に係っている」とまでいった（「社会大衆党の任務」⑲二〇一－二〇三）。その台頭は議会再編を予期させるものであった。河合は「民政党、政友会と云う政党の対立」が「決して存在の根拠を有するものでなく、若し従来の因縁や伝統さえなければ、当然に解消して之に代わるべき政党の対立が現われるべき」とし、両党が国家主義政党と古き自由主義政党とに収斂すると予測した。そしてその国家主義的政党が今まで議会外に存在した軍部を含めた国家主義的勢力をも包摂することを期待した。さらに社会大衆党の躍進によって政界が国家主義政党と古き自由主義政党と社会民主主義政党に三分化し、「正常状態」をもたらすとした（「社会大衆党の任務」⑲二〇六）。この三派鼎立状況を同時期のイギリスの政党政治になぞらえた。もちろん社会大衆党の脆弱性や、一部の幹部が国家主義化している現実も認識していたが、社会大衆党に軍事予算の膨張への批判、言論・集会・結社・著作物刊行の自由の拡張、社会立法の実現を期待していた（「社会大衆党の任務」⑲二一一-二一二）。

今回の社会大衆党の勝利について組織労働者を中心とするプロレタリアのみならず、ファッシズムに反対であり既存政党に反対という「自由主義的分子」のインテリゲンチャの支持があると観察していた。それはイギリス労働党やドイツ社会民主党の発展にみられる現象であった（「社会大衆党とその支持層」⑲二三五-二三六）。社会大衆党を通したプロレタリアとインテリゲンチャの結合が、社会主義的改革と反ファッシズム、自由主義との結合につながるとした[21]。

一九三六年二月の総選挙から一九三七年の近衛内閣成立までの間、二・二六事件を挟むが、ファッシズム後退とみられなくはなかった。河合は、近衛内閣成立後の評論（『日本評論』一九三七年七月号）において、二・二六事件について「結果から考えてみると、あの事件はあの種の非合法運動の終焉を告げたとも云える」とまで論じていた。後年、軍部の露骨な政治介入の例とされる「廣田内閣における寺内陸相の政策の条件」、「宇垣内閣流産の際の陸軍の態度」も「合法の形態を採る」ことに注目した。軍部が体制否定でなく、横暴とみられようとルールに従って行動したというのである。そして軍の横車に対する国民の反発もあり、「国内の事情が軍部至上の傾向を許さなくなった」結果、「林内閣の成立に於ては陸軍の態度はかなりに緩和し、次いで今度の近衛内閣の場合に於て、更にその気鋒の変化したことが見受けられる」と観察した。総選挙の結果、「久しく無視されてきた政党が、林内閣の崩壊に成功したことによって、たとえ往年の政党内閣に戻ることは到底思い及ばないとしても、政局に於ける無視すべからざる一勢力たることを、要求することには成功した」と情勢の好転に望みをかけた。そして近衛内閣を「珍しく国民の好評の中に成立し」、「幸運に恵まれた新内閣」とし、未知数であると懸念しているが、近衛に期待をかけていた（「非常時局特別評論」⑲二七一－二七三）。

『学生叢書』も時代状況を照らし合わせるならば、政治的意味を見出しうる。この叢書は政治的発言を引っ込めて、学生の教養に対象を移したのでなく、「思想戦」と並行しておこなわれていた。この叢書を発案したのは一九三六年秋であり、最初の『学生と教養』が出されたのは一二月である。発行元の日本評論社の社員であった石堂清倫によれば「学者、思想家、役人などからナショナリストでない、最少限リベラルな人々の寄稿をえて編集した」のであり、「すすんで河合に協力して寄稿した人は二百人を超えるであろう」という。さらにこの叢書は「軍部主導の偏狭なナショナリズム、非合理を標榜する主情主義のために理想を失いかけている学生」にとって「どれだけ精神の支えとなったかわからない」と回想していた。[22]同僚の美作太郎も「この『学生叢書』が、滔々たるファッシズムの潮流の中で去就に迷っている青年学生を相手にして、たとい遅れ馳せでもよいから「反ファッシズム統一戦線」の風土へのガイドブックになってほしい、というのは、私のひそかな念願であった」と回顧していた。[23]河合は、この叢書において松井の指摘するように、同時代の知的状況を「自己の理想主義的思想を普及させる絶好のチャンス」とみるとともに「非常時局とともに吹き荒れてきた軍国主義・国家主義の嵐に青年・学生たちが屈しないようにとの思い」があったのであろう。[24]多くの知識人が寄稿し、読者が集まった状況は自由主義者の知的影響力を示すものであった。軍部や右翼には脅威と感じる者もあったと推測できる。一九三七年四月二八日に二・二六事件批判論文を含む『時局と自由主義』を日本評論社から刊行したことをもっても「思想戦」にかける意気込みがつたわってくる。[25]

以上のような時局理解は、学者である河合の空想でなく、ジャーナリストの馬場恒吾も同様の見方を示していた。[26]一九三七年の『中央公論』九月号「事変下の近衛政局」において、馬場は、「林は日本の憲法をファッショ流に運用しようとして失敗した」とし、「ファッショ対議会の政戦に於てファッショの敗退を意味する」と言っていた。つまり「日本に於てはファッショ的勢力が相当に強いに関らず、その勢力が余りに理不尽の行動に出ていれば、議会、政党、国民が尚之に反撃を加える力を以て居る事を示した」と解説した。[27]

河合や馬場のような主張が出てくるのは、当時のファッシズムが一時的なものと考えられていたことにある。一九三六年九月三〇日付『帝国大学新聞』の蠟山政道「日本的ファッシズム―その将来性と否定的限界」はそうした見解を明快に述べていた。蠟山は日本のファッシズムを「合法的ファッシズム」といい、「合法的に有する国家機構である軍部及び官僚を中心にした運動」であるとした。国政を完全に独裁的におこなおうとするならば、「自らの地位を認め、且つ保障している憲法と矛盾すること」になり、「権力の逸脱であり、濫用である」とする。こうした見解は、河合がファッシズムの体制内化現象を指摘したことと共通する。蠟山は、この「合法的ファッシズム」を「社会情勢の動揺と国際破局の結果として生まれた大きい空隙を充す為に惹起された政治現象」とし、「弾力性に富んだ立憲主義の再興」によって解消されるとする。そのためには「国民の政治的自覚」と「真に国民の意思と生活をも認識した有力な政治家」の登場が必要であるとした。[28]

ファッシズムが後退するという見解は、現在からみると奇妙に思える。しかし田中義一内閣における三・一五事件で、河合が反動の脅威を警戒したにもかかわらず、マルクス主義が再び盛り返した歴史があった。ファッシズムを消極的反動と考えたのも、革命運動の過熱や軍事活動に反応する〝現象〟とみていたからではないか。河合は今回の反動も収拾可能と考え、無謀と思われた軍部批判も勝算があったのではないか。

一九三七年の総選挙の結果は、事態の好転を期待させた。近衛内閣は、容貌や出自の人気もあるが、反ファッショの世論の支持をも受けていた。しかし支那事変の勃発で事態は一変した。馬場は、同年『改造』九月号での論文「事変下の議会」において、議会が軍事費と統制経済法案に賛成したことを「議会は戦争の興奮に足をさらわれた」と言った。以前の議会では「何物かに脅かされて云い度いことを云い得ないで厭々ながらの挙国一致」という態度であったのに対し、今回は「積極的に自発的に心の底から挙国一致になった」と指摘した。[29]自由主義とファッシズムの対立状態は戦時体制の下で後者が優位となり、自由主義国家体制が復元するという希望を打ち砕いた。社会大衆党は議会政よりも、国家総動員体制における国家統制による社会改革に協力した。自由主義的国家体制の基盤はそもそも河合の述べたほど成熟していたか疑問であった。

〈註〉

1　たとえば、日本を代表する政治学者三人によって書かれた小野塚喜平次の伝記において、五・一五事件後の時代状況が「政党政治は没落し、政界・官界・経済界は挙げて、軍部を中心に統一され、いよいよ日本のファッショ的再編成が開始され、ファシズムと戦争の時代に入るのである」と描かれている。その結果、小野塚が「ファシズムと戦争」に抵抗したという点を強調しすぎている。蠟山政道・南原繁・矢部貞治『小野塚喜平次　人と業績』（岩波書店、一九六三年）一七一頁。

2　学部長就任について『帝国大学新聞』は「情熱の自由主義者たる同教授の学部長就任にして異常な期待がかけられている」と歓迎していた。『帝国大学新聞』一九三六年三月二一日参照。

3　一九三〇年代のイギリス知識人の左傾は水谷三公『ラスキとその仲間　「赤い三〇年代」の知識人』（中公叢書、一九九四年）が詳しく論じている。

4　ラスキ『危機にたつ民主主義』岡田良夫訳（ミネルヴァ書房、一九五七年）二二四頁。

5　一九三三年八月一二日、ラスキの『平和への経済的基礎』について、「著しくマルクス主義の影響を受けている。そして自由主義に対する考え方が違って来た。全体がぐらついて来たような気がする」としているものの、「彼はやはり傑れている」とも評価していた（『日記Ⅱ』㉓五五）。一九三七年一月八日には『自由主義の勃興』について「少しマルクスの感化を受けすぎている」としている（『日記Ⅱ』㉓八三）。

6　丸山真男「ラスキのロシア革命観とその推移」『丸山真男集　第四巻』（岩波書店、一九九五年）四六一-四七頁（当該論文の初出は一九四九年）。

7 夏に「日本に対する自分の決意も定まり、来たる一年勉学を止めて発表することの腹も定まった」と一九三三年の大晦日の日記で回顧していた（「日記Ⅱ」㉓五二）。

8 XYZ「那須皓教授論」『経済往来』一九二八年七月号、二二三頁。

9 木村栄文編『六鼓菊竹淳 論説・手記・評伝』二二四‐二二五頁。

10 前掲書、二三九頁。

11 『中央公論』編集者の雨宮庸蔵によれば、雨宮巽中佐が「河合なんてもとは酒屋の小僧だろう。あんな連中は十羽一からげにして海へ投げ込んでやればいいんだ」と放言していたという。中佐は柔軟性もある人物であったのにかかわらず、こうした乱暴な言葉を投げかけるほど睨まれていたという。雨宮『偲ぶ草』三一四‐三一五頁。この人物は陸大出で、一九三七年一月から三八年七月まで新聞班長を務めた。その後、中将に昇任し、沖縄戦で師団長として戦死した。

12 『帝国大学新聞』一九三四年七月二日「美濃部達吉博士著「議会政治の検討」」参照。

13 この自由主義論争について、松井は「マルクス主義者との連繫を模索していた」とし、かつての教え子である向坂と大森に「改宗させるまでにいたらないが、協力的な態度を取らせることができると思ったかもしれない」と論じている。松井『河合栄治郎』二三六‐二三九頁。そういう意図もあったかも知れないが、同時代に流行した人民戦線的な発想でなく、マルクス主義者が自由主義思想の陣営に従うと意味での協力であろう。ラスキなどの人民戦線論にも大して関心をもっていなかった。

14 『河上徹太郎著作集　第一巻』（勁草書房、一九六九年）八三頁。

15 向坂逸郎「知識階級と自由主義」『文藝春秋』一九三五年五月号、一五六頁。

16 丸山真男「政治学に於ける国家の概念」『丸山真男集　第一巻』九頁。

17 前掲論文、三一頁。

18 丸山はまた一九三八年の『国家学会雑誌』（第五二巻第一号）の学界批評「一九三六－三七年の英米及び独逸政治学界」においてラスキの『欧州自由主義の勃興』を取り上げ、「自由主義の権威が特権を維持せんとする者をもそれを解放せんとする考えの者をも満足せしめずして没落する過程がヴィヴィッドに描き出される」と評していた。『丸山真男集』五一頁。この批評をみても当時の自由主義を支持していたとは言い難い。

19 粟屋憲太郎『昭和の政党』（小学館、一九八三年）二六六頁。

20 一九三六年と三七年の二回の総選挙における社会大衆党の勝利が政治的意味をもち、戦前の民主化の最後の機会であった。坂野潤治『日本政治「失敗」の研究』（講談社学術文庫、二〇一〇年）参照。とくに第五章は河合栄治郎による社会大衆党支持の論文も取り上げて、同時代の文脈から社会大衆党躍進の意味を分析している。

21 松井は「河合が期待した社会大衆党は、現実の社会大衆党でなく、あくまで「理念としての社会大衆党」であった」として、「河合党」というべきものとしている。松井『河合栄治郎』二四八－二四九頁。河合は実際の社会大衆党の政治家ととくに親交があったわけでない。

22 石堂清倫『わが異端の昭和史』（勁草書房、一九八六年）一八七－一八八頁。

23 美作太郎『戦前戦中を歩む』五〇四頁。

24 松井、前掲書、二八九頁。

25　石堂が「この刊行は反河合派の決起の口実になった」というように、河合の筆禍事件の重要な契機となったと考えられる。石堂、前掲書、一八六頁。演習出身の戸田は、学生物の出版で日本評論社への紙の割当が多すぎたことが軍部の反発を買ったと言っている。戸田武雄「経済学五〇年」『駒沢大学経済学論集』第一五巻三・四号、一九八四年、六〇頁。

26　馬場はアメリカ勤務の経験がある数少ないジャーナリストであった。河合同様に二度の総選挙の結果を民意の反映として支持し、政党政治の復活を期待し続けていた。馬場の言論活動について御厨貴『馬場恒吾の面目　危機の時代のリベラリスト』（中央公論社、一九九七年）を参照。

27　『中央公論』一九三七年九月号、七七－七八頁。松井は馬場を例に挙げながら、こうした観察を「議会主義に期待を寄せる者に共通のもの」とする。そして河合が「軍部ファシズムの退潮すなわち、独裁主義・暴力革命主義に代わって議会主義が、帝国主義に代わって国際主義が台頭してくると信じており、その実現に向かって力を注いでいた」と解釈する。松井、前掲書、一七三頁。

28　『帝国大学新聞』一九三六年九月二八日。

29　『改造』一九三七年九月号、五一－五二頁。

第七章

日本における自由主義の運命

1 自由主義者・河合栄治郎の「思想戦」

河合の大学追放や刑事訴追は戦時体制の強化とともに起こった。明治憲法のもつ自由主義原理を現実の国家体制に反映させ、西欧的近代国家に近づく試みの挫折でもあった。しかし、よく言われるように、軍部を敢然と批判したゆえにファッショ化した政府によって、著書を理不尽に曲解され、言論弾圧に遭ったとするのは単純すぎる。河合の議論は、マルクス主義者による反体制的批判と違い、現体制のルール尊重を訴え、軍部による逸脱を批判したのであり、既存の法秩序を維持する限り、一蹴できなかった。また軍部自体の批判でなく、一部軍人が武力を用いて超法規的に政治介入したことを問題にし、政治的安定の回復のための提言をおこなっていた。二・二六事件批判の論文発表後、すぐに学部長に昇進し、言論活動を積極的に展開し、首相に助言を求められる立場にもあった。もちろん軍部の多くは二・二六事件の批判を苦々しく思ったであろうが、陸軍の不祥事に対する世論の反発も強く、その言論に手を出せない状況にあった。

河合の言動が公式に問題にされたのは、政治状況の変化にあった。近衛内閣が継続していたものの、一九三七年（昭和一二年）一二月末の南京陥落は転換点でなかったか。その時点で戦争の継続、長期化が決定的となった。そのため既存国家体制の転換が余儀なくされた。一九三八年は、明治以来の国家体制が根本的に転換した年といえる。近衛内閣は自由主義的人物もいたが、革新官僚、軍部など多様な勢力から成り立っていた。この時点で権力バランスが変動したのでないか。一月の「国民政府を対手とせず」声明は蒋介石政府の正統性を否定し、九カ国条約を軸とする戦間期の国際秩序を全面的に否定する宣言であった。四月に国家総動員法、電力管理法などが成立し、本格的戦時体制が確立した。

二月一日に経済学部の同僚であった大内兵衛、有沢広巳、脇村義太郎が治安維持法で逮捕された。労農派は共産党関係者と違い、治安維持法の適用を受けないように慎重に行動していた。治安当局は彼らの言論活動を容認していたのを一転させ、牽強付会とも言える理屈で治安維持法を適用した。政策転換の反映であろう。この事件に対しても河合は戦闘的自由主義者の名前にふさわしく、抵抗の構えを見せた。経済学部教授会で逮捕者の即時休職を提案した土方成美学部長に対し、彼は文官分限令にもとづき、起訴後の処分を主張し、提案が否決された。即時休職は検察、文部省の要請であったが、教授会の自治を貫いた。さらに河合は『日本評論』四月号に論文「時局・大学・教授」を発表し、大学教授の地位の尊重のために休職処分に反対した経緯を述べた。大学教授の任務は政府と協力することでなく、批判指導にあるとし、自ら国策を考案することでないと土方など戦時体制に協力的な革新派教授を批判した（「時局・大学・教授」⑲二七二－二七三）。

五月二六日、文部大臣に陸軍出身の荒木貞夫が就任した。皇道派の精神主義者とされる人物であり、政策転換を象徴する人事である。荒木文相は帝国大学総長以下教員について大臣の意向に沿った選考を求める大学改革案を提示した。土方経済学部長は改正を支持したが、河合は教授会で、大学の自治を侵害するものと批判し、他学部と反対の足並みをそろえることになった。東大の反対にならって他大学も反対し、荒木案は実現しなかった。大学自治の特権を行使し、戦時改革に反対する彼の態度に右翼勢力が反発したことは想像できる。[1]

河合攻撃は徐々に進められてきた。二・二六事件の起きた一九三六年五月に高等文官試験の委員から外された。学内抗争の結果であるが、翌年、経済学部長を退任した。簑田胸喜の『原理日本』などの民間右翼は赤化教授や人民戦線思想家というレッテル貼りをした。大学の自治を抽象的に攻撃するより、一般人に分かりやすく、特権をもった大学教授が結託して人民戦線を組んでいるという印象操作であった。一九三八年二月一六日に貴族院本会議で井田磐楠が他の帝国大学教授とともに河合の著書を「共産主義と紙一重」と批判した。一〇月五日に内務省は『ファッシズム批判』『時局と自由主義』『社会政策原理』『第二学生生活』の発禁処分を実施した。こうした状況にかかわらず、人民戦線事件や荒木改革について自説を展開するのは「思想戦」の闘士にふさわしい。彼は体制転換に対し西欧の学問を駆使し理論的に反対できる数少ない知識人であった。

国家総動員体制は容易に実現できたわけでなかった。一月に閣議決定されるも各政党は消極的で、ようやく二月一九日、衆議院に国家総動員法案が上程されたが、民政党、政友会は勅令委任範囲が広すぎて違憲の疑いがあると問題視した。審議中に政府委員の陸軍中佐が質問者に黙れと一喝した事件や法案に賛成した社会大衆党の西尾末広が不穏当発言によって除名されるなど憲政史上異例の事態が続出した。そこでは帝国議会の最後の抵抗が見られた。貴族院において河合が批判されたのもこの国会中でのことであった。法案は結局、三月一六日に衆院可決したものの、反対論に学問的裏付けを与える自由主義者が放置できない存在と考えられたのではないか。

河合の言動が問題になったのは、軍隊の決起に対する批判より、その根拠にある自由主義的国家観自体である。戦争の長期化で現実のものとなった総力戦はその問題を顕在化させた。先にも述べたように河合は第一次大戦において民主主義・議会主義の下に国民を総動員した英米を評価していた。総力戦体制では民主化と世論の支持が必要と考えていた。他方、ドイツについて軍部独裁が進む中で、国民の厭戦気分が高まり、階級対立が激化し、遂に帝国が崩壊したと考え、日本の軍事国家化を警告していた。国家総動員法の審議で既存政党が問題にしたのも、総力戦の名目で、政治・経済的自由や議会制度に制限が加えられることであった。

軍部もまた大戦の教訓から総力戦を考えていた。とくに陸軍省軍務局長として活躍した永田鉄山は戦中の在独経験から、戦時国家総動員体制の必要性を早くから主張していた。国家社会の各方面において国民・産業・財政・精神動員を図り、総力戦に対処するのである。一九二〇年代から検討されていたが、一九三四年一〇月の陸軍パンフレット「国防の本義と其強化の提唱」で公表された。永田も内容を承認していた。変革の即時実現より、国民の国防意識を高揚する目的であったが、軍部の政治介入として政友会や民政党から批判が上がった。貴族院議員でもあった美濃部達吉による批判が天皇機関説事件の原因の一つになったのは前述のとおりである。一九三八年の国家総動員法はその実現であった。このパンフレットでは「思想戦」を訴え、「国家を無視し、国家の重要とする統制を忌避し、国家の利益に反する如き行動に出でんとする極端なる国際主義、個人主義、自由主義思想を芟除」することを訴えており、河合への攻撃はこの流れにあった。

もっとも永田は二・二六事件の前年（一九三五年）八月に皇道派の陸軍中佐によって惨殺された。河合はその横死に対し、「同志がやられたという感」と書いていた（「日記Ⅱ」㉓七一）。陸軍統制派の永田が同志なのは奇妙にも見える。永田は国家総動員を唱えたが、西欧の事情に通じ、大正デモクラシーの時代に軍政に携わっていたことで、既存の政治枠組を前提としていた。軍内の過激な革命行動や現地軍の暴走に対し統制を重視し、生命を縮めた。河合には既存秩序を尊重する有能な軍人と映ったようである。

国家総動員法の当時、戦時下にあり、陸軍はもはや永田のような柔軟性を欠いていた。精神主義的国家主義の影響が強くなっていた。河合は一九三九年一月に平賀総長による粛学で休職、事実上の辞職を余儀なくされた。その具体的経緯は多くの研究文献で語られているとおりである。

2 河合の何が裁かれたのか。

河合の自由主義と戦時国家主義との軋轢で注目すべきは、一九三九年（昭和一四年）二月に出版法違反で起訴された裁判である。公判の争点をみると、国家当局が何を問題視したのか、国家総動員体制と自由主義的国家観との対立が見えてくる。共産主義と同一視した荒唐無稽の起訴と断じられることが多いが、治安維持法を適用できず、既存の法秩序の枠内で処理せざるを得なかったようである。大きな争点は国家観であった。蠟山政道は、著書発禁の理由の一つが多元的国家論であったとし、「全体主義国家論者にとって、多元的国家論のもつ自由主義的理想主義の性格は許し難きものとして映じた」としている。[2] 裁判は河合の「思想戦」の集大成であった。[3]

出版法違反で問われたのは「安寧秩序ヲ妨害シ又ハ風俗ヲ壊乱スル文書図画ヲ出版」したことであった。検事の論告を見ると、著書の内容を次々に引用し、当時の精神主義的国家主義の用語で弾劾しているので恣意的に「安寧秩序」の妨害と決めつけているようにみえるが、論点は次の六点である。

第一は蠟山の指摘した多元的国家観である。「国家を部分社会にして、国民や人格完成の為の物質的条件に過ぎず、他の部分社会たる大学、教会、労働組合等として、その間優劣上下の関係なく、国家に最高価値を認めるべきでない」ということである。第二は、個人主義にもとづいた国家主義批判である。人生の目的を人格の完成とし国家自体を目的にする国家主義を批判したことである。第三は主権の絶対無条件性の否定である。国際組織による平和維持を論ずる上で国家主権の自主的制限を認めたことである。第四に統帥権の干犯と憲法改正の私議である。帷幄上奏権を用兵作戦に限定する主張とともに軍政大権を議会の統制下におく主張を問題にされた。第五は共産党の容認である。言論の自由を主張する中で、西欧における共産党の合法化に触れたことが共産主義擁護とされた。第六は河合の唱えた社会主義が私有財産を撤廃する共産主義と同じであるということである（『公判記録』㉑一六七―一七七）。

検察は国家観を執拗に追及した。第一の多元的国家観について「国家を他の部分社会と同列に置き、国家の絶対性を否定するものであるがゆえに日本国民の伝統的な国家尊重の念を傷け、かくて戦時下における国民思想に甚だしい動揺を与える」ものと認定した。河合にとって人格の完成という目的の前に国家は相対化せざるを得ない。国家と祖国を区別することで、国家を他の集団と同様の部分社会とし、個人の自由を保障する議論を展開していた。挙国一致体制において政党、労働組合の解散など国家内の中間団体を否定する方向に進んでいる中で、各団体に独自の意義を認め、国家と並列させる理論は不都合となる。大学の自治も多元論に立つ発想であり、国家による一元的統制と対立するものであった。

第二の国家主義批判は多元的国家論と連動する。国家を至上の価値とし、個人の自由を制限し、国民の総動員をめざす上で、個人の価値を国家に優越するのは許容しがたいものとなる。思想的に重要なのは以上の二つであり、国家観が裁判で詳細に論じられた。

第三の国際機関のための主権の制限は、ワシントン体制以来の国際協調主義を放棄し、国際連盟を脱退し、東亜新秩序をめざす外交方向と対立する。主権制限を容認する理論は和平や英米協調に利用されかねないとの恐れもあったのであろう。軍部にはロンドン軍縮条約などの多国間会議での妥協で日本の国防が犠牲にされたことの被害意識があった。

第四の争点である統帥権の解釈問題は軍事国家化にあたって重要であった。古くは吉野作造の帷幄上奏権に関する論文など、統帥権の制限は議会主義、政党内閣の発展の中で論じられてきた。軍部が力を巻き返す中で制限論は攻撃対象となった。陸軍幹部の永田さえ軍政部門が軍令部門を統制することが統帥権干犯との批判を受け、生命を失った。河合の起訴をみると統帥権の議会主義的解釈を一切認めない方向に転じたと見てよい。論告をみると、ドイツ帝国の軍部独裁が破綻したのを引き合いに出し軍国主義を牽制することに神経質になっていたことがわかる。「我が国軍部を革命前の「ドイツ」軍部に比し」、「「ドイツ」革命が「ドイツ」軍部よりその特殊的地位を剥奪したることの意義を認め」、「我が軍部は憲法上特殊の地位を占め不断永劫の「ファシズム」の策源地をなす」との記述を問題視した（「公判記録」㉑一七〇）。さらにまた「我が軍部は現在政治機構の外に在っては一敵国の観を呈し、恰も野に放たれた虎であったが、現存政治機構内に入り来たった時には檻に入れられた虎に等しいという言葉も問題とされた（「公判記録」㉑一七一）。既存国家体制の枠内に軍部があることを説明した文章であったが、軍部が一元的に他の政府機関を動かす総動員体制と抵触する。

第五の共産党の容認や第六の社会主義の問題は、後世におけるこの裁判の印象と違い、起訴理由の中心でないのではないか。立証可能ならば人民戦線事件のように治安維持法を適用すると思われる。当時も指摘されていたが、文部省の委員としてマルクス主義批判の講演をしていた者をこの点で違法とすることは政府の無定見を示すことになる。民間右翼や貴族院議員の容共批判を無視できなかったゆえの起訴理由でないのか。

この刑事訴追は、国家総動員法体制でもはや自由主義的国家論が容認されなくなったことを示している。しかし自由主義の影響は裁判所に残っていた。帝国憲法の法秩序を尊重する限り、刑事罰まで問うのは問題が多く、第一審で無罪となった。大審院の判例に照らし、著書における「単に現行制度の不備、社会組織の欠陥の指摘」は国家の安寧秩序を妨害することにならないと判断した。

第一の争点となった多元的国家論については「我が国では社会学上の一派としてすでに確立せる所」であり、「国家を悪の本源と為し、国家を否定し、其の重要性を忘れ、其の権力を無視し、若しくは軽減」するものでないと認定した（『公判記録』㉑三七六－三七七）。また第二の国家主義批判は、部分社会としての国家を最高価値とする思想を対象とするものであり、国家そのものの優越性を否定するものでないと判断した（『公判記録』㉑三八二）。さらに第三の主権制限について「統治権が自ら制限を定むることあるも其の無制限性に反せざるものとす」（『公判記録』㉑三九六）と主権の自己制限を認容した。第四の統帥権の解釈は、伊藤博文の『憲法義解』における帝国憲法第一二条の注釈「本条は陸海軍の編成及び常備兵額も亦天皇の親裁する所あることを示す、此れ固より責任大臣の輔翼に依る」を引用し、「固より咎むべきにあらざるに帰すべし」「未だ以て憲法に対する誹議を試みると為すに足らざるなり」（「公判記録」㉑三九八）と判断した。伊藤博文の引用は明治以来の国家体制における法秩序を裁判官も意識していたのであろう。統帥権の制限が問題となる中で勇気ある判断である。第五の共産主義合法化については、「潜行して民心を蝕むことなく、常に公然と其の心裡を吐露せしめ、若し右の限界を逸脱したるときは之を禁圧し…他の対立する言論の攻撃に曝して…自壊に導く」という河合の意図を認め、共産党の擁護にあたらないとした（「公判記録」㉑三八七）。第六の社会主義について唯物弁証法、暴力革命、独裁主義を否定し、あらゆる社会の構成員を含むものであり、マルクス主義、共産主義と異なると判断した（「公判記録」㉑三九二－三九四）。以上、第一審の判決を見る限り、既存国家体制における自由主義は根強く存在していた。戦後の民主化につながる水脈は維持されていた。

3　明治国家における自由主義の位置

第一審判決で多元的国家論や主権制限論は違法でないとされたが、必ずしも日本の政治学で主流ではなかった。判決で「多元的国家論が社会学上の一派」とされたことに象徴的である。日本の政治学では、蠟山が指摘するように「西欧民主国の政治学と異なった一種の変種または亜種とも見られるドイツ流の国法学や国家学が、近代政治学の代替物として大きな役割を演じた」のであった。[4] 西欧的な政治的現実が未発達であり、ドイツ的な抽象概念の解釈が支配的であった。現在でもなお国家を説明する定義としてドイツのイエリネックの国家三要素説（主権・領土・国民）が使われているほどである。

　天皇機関説の美濃部達吉は自由主義者とされたが、国法学者であり、イエリネックの国家法人説にもとづいた解釈を展開した。国家を一つの生きた有機体とし、多数の人々を包摂する単一団体であり、統治権の主体と位置づけた。その国家の中で天皇は統治権を総覧する機関として主権をもつ。国家の機関としての天皇が大権の制約を受けるとの解釈は、政党内閣や議会政治の理論的基礎を与えた。

　しかしドイツの国家学はもともと官僚主義的国家という実態を反映して構築されていた。自由主義解釈は研究者による概念操作であった。国家を至上のものとし、主権という制限を受けない権力概念を用いる限り、国家主義と理論的基礎において共通していた。現に国家社会主義者の北一輝の『日本改造法案大綱』は、国家を有機体的家族とみて、天皇の下での急進的な社会改革を主張した。天皇の神性を正統性の根拠とした帝国憲法の下で、統治権や主権の絶対性を論ずることは国家総動員体制を正当化する理論にもなりえた。河合の多元的国家論や主権制限論は主流の解釈でなかった。検察は過剰表現であったが、国家学の流れにある解釈ともいえた。

多元的国家論は、英米に由来する後発理論であった。国家と社会を区別する民主主義が存在する国で発展した。日本でも議会政や政党、労働組合などの発展とともに注目された。しかし軍部、官僚、元老と非民主的制約があり、各団体や国民の政治意識も未熟である中で、理論にふさわしい政治実体が確立していると言い難かった。明治以来の国家統治の基本指針であり続けた国家学に対し、多元論は講壇の新興学説であり、政党政治がめざすべき目標を示す国民啓蒙のための理論という面があった。大正期において国家概念と政治概念のいずれが先行するかという政治学概念論争が繰り広げられた。国家優位である政治学の中で、多元的国家論に立って政治独自の概念を見出そうとする動きであった。しかし国家以外の政治主体が未発達なこともあって学術的な抽象的論争として扱われた。

マルクス主義と国家主義が伸びてくると、階級と国家の問題の中で大学、労働組合、政党など中間団体の独自の意義が否定されていった。多元的国家論は過去の理論とされた。マルクス主義に傾斜していった多元的国家論者は少なくない。政治現象を社会学的視点や社会法則で把握し、政治的価値の問いかけが希薄であったゆえに、総合科学の性格をもつマルクス主義の唯物史観に圧倒された。

河合がなぜ自由主義を維持できたのか。その多元的国家論は、他の論者のように社会学の影響を受けた社会集団論ではなく、個人主義的理想主義の思想的基礎があったからである。一切の社会現象を解釈可能とする社会法則としての唯物史観に対抗可能な哲学をもっていた。社会政策に思想的基礎を追求する学問方法は異例であったが、総合科学のマルクス主義に従属することはなかった。西欧的自由主義の擁護者として河合の存在は思想史上、貴重な存在であった。

4　日本における自由主義の限界

河合のこだわってきた自由主義はなぜ支持されなかったのか。なぜ戦争を防ぐことができなかったのか。戦間期、日本は非欧米において唯一、自由主義的議会政の立憲国家であり、多元的国家論などの欧米の政治原理が適用可能と考えられた。にもかかわらず、全体主義イデオロギーに翻弄され、軍国主義化した。

西欧的議会政が破綻した原因は日本社会の前近代性にあった。後発国の社会科学は近代化を問題にする。西欧先進国から理論を取り入れ、それらの国と比較して日本がどのような位置にあるのかを解釈し、その解決手段を示した。マルクス主義における講座派と労農派の資本主義論争は代表例であった。マルクス主義の発展段階論は普遍的に適用可能と考えられ、日本の発展段階を科学的に解明し、社会主義化の戦略を立て、明治維新が絶対主義の確立なのかブルジョワ革命なのかを議論した。この論争は西欧の理論を機械的・教条的に当てはめ、さらにコミンテルンの公式解釈をめぐって複雑化した。

河合もまた論文「改革原理としての自由主義」（『中央公論』一九三五年五月号）において日本社会の国際的位置を分析していた。世界の国家をイギリス型、（革命前の）ロシア型、ドイツや日本の中間型に三分した。その基準は封建制度の残存状況と産業革命の発達程度であった。封建制度の下では農業が主要産業であり、土地が社会関係の中心となり、前近代的勢力が政治権力を掌握していた。この勢力の後退がどのように進んでいるかが国民の運命を決定した。イギリスでは最も早く崩壊し、ロシアは最も遅く、ドイツや日本のような中間国家では、民衆を代表する議会はあるものの、封建勢力が依然と強かった。

この「封建制度崩壊の遅速」に資本主義の発達が交錯した。産業革命の先発国であった。イギリスでは、資本家階級が自由放任を指導原理とし、封建勢力に対抗した。自由主義は封建制度崩壊のための思想であり、資本家階級の権力掌握とともに定着した。その後、資本家階級とプロレタリア階級が対峙する段階で社会主義が登場した。

日本の問題は中間型、すなわち後発の資本主義国家であったことに起因する。国家主導で産業革命を推進する必要があり、資本家階級は封建勢力の援助を必要とした。自由主義は存在するが、その原理を貫徹することができなかった。「憲法に於て民衆の意志を代表する議会は設けられ、信教、言論、著作、印行、集会、結社、所有等の自由、逮捕、監禁、審問、処罰からの自由は、憲法により保証されている」状況であるが、「代表議会は唯一の政治的勢力ではなく、保証された自由には幾多の条件が付けられている」のであった。それは「白由主義の基礎となる世界観が、始めから放擲されていた」状態であった。さらに資本主義の発達でプロレタリア階級が生じ、思想の輸入によって「自己の実勢力に副わざる社会主義を信奉」することになった。自由主義が未熟である一方で、マルクス主義が日本の実態と離れた形で輸入された。議会制度が完成していないから、マルクス主義は暴力革命を主張する共産主義の形態を採りやすく、自由主義が多少浸潤しているから、社会民主主義も存在し、プロレタリア階級も分裂した状態であった。ドイツで社会民主党と共産党が分立し、日本でも議会主義に立った社会大衆党と非合法の共産党があった。

中間型国家において改革者は、封建主義と資本主義を同時に克服しなければならなかった。封建主義に自由主義、資本主義に社会主義を対峙させ、両者の思想に連関をもたせねばならない。そして革命イデオロギーのマルクス主義にも対峙する。社会主義的自由主義は、中間国家である日本において必要な思想であった（「改革原理としての自由主義」⑫二〇－二四）。河合は自ら採る思想体系を次のように整理していた。

理想主義の上に立って、一方に於て自由主義、他方に於て社会主義を持ち、而も自由主義と社会主義とが有機的連関の上に置かれること、之が中間国家型に於て最も必要な体系でなければならない。

この思想を追究するのに志士の気概をもち、「万年筆のインキを以て原稿に書く代わりに、血を以て己の思想を書かんとする」と悲愴な決意を語っていた（『第二学生生活』⑰一八七）。

河合の努力にかかわらず、社会主義的自由主義は定着しなかった。自由主義さえ政治的・社会的勢力として十分に結集していなかった。戦前の自由主義者に相互のつながりはあまりなかった。たとえば慶應の塾長として名高い小泉信三と河合の関係は希薄である。小泉は経済思想史を専攻し、英留学経験もあり、自由主義にもとづいて共産主義を批判するなど共通点が多いが、ほとんど没交渉で思想的連帯はみられなかった。自由主義者と言われた者をみると、清沢洌、石橋湛山、馬場恒吾などのジャーナリスト、牧野伸顕、吉田茂、芦田均、植原悦二郎などの政官界関係者、そして学界の河合、南原繁、安倍能成などがいた。当時のエリートの世界は狭かったが、それぞれが別に活動し、相互連携は弱かった。自由主義政党も存在しなかった。マルクス主義者や国家主義者が組織化していたのと対照的である。戦争が本格化して知識人の横断組織として昭和研究会がつくられたが、時すでに遅く国策遂行の集まりとなってしまった。

念頭に置かねばならないのは、戦前は戦後と全く異なった不平等・格差社会ということである。エリートは狭い範囲で一般国民と違う特殊な文化をもっていた。河合は実家が酒屋の中産階級出身であるが、東京帝国大学教授となり、このサークルの一員となった。当時、洋行は船旅で長期滞在であり、膨大な費用もかかった。一般国民にとって欧米は、はるか遠くの世界であり、西洋人と交際する機会も稀であった。渡航や交際は豊かで社会的地位のある層に限られていた。彼らの生活習慣も西洋化し、日本の庶民より欧米人に近いものであり、コスモポリタン文化を共有していた。河合は江戸趣味をもっていたようであるが、朝食は戦時中もパン食と紅茶を通し、夏になると軽井沢の別荘に居を移し、親戚とは生活の乖離があった。欧米発の自由主義はエリートの一部に限定され、大多数の国民にはなじみが薄かった。自由主義者は西欧的民主政を理想としたが、現実の国民の資質に不安をもっていた。

限定されたエリートにおいても、軍人と文民との相違があり、さらに欧米文化受容の世代差があった。河合は英米政治学の第一人者である小野塚喜平次の知的影響や英米留学によってアングロサクソンのコスモポリタニズムになじんでいた。しかし、学界の大勢はドイツ思想であった。大正教養主義もドイツ哲学の影響が強く、その後マルクス主義が流行した。軍人、とくに陸軍もドイツの影響が強かった。英米由来の自由主義の支持基盤は狭いエリートの中でもさらに少数派であった。

既存体制の変革をめざす社会主義もいびつな形で展開していた。格差を問題とし、社会的平等を掲げる社会主義思想は明治期より存在していたが、近代的産業の発達時にマルクス主義がもたらされた。さらにロシア革命によってマルクス主義、それもレーニン主義的な共産主義に圧倒された。階級闘争史観、暴力革命主義、唯物史観が支配的となり、議会主義や自由主義と結びついたイギリス社会主義はほとんど注目されなかった。議会主義に立った社会民衆党でさえ国家主導の社会主義を支持するようになった。

さらに河合の自由主義は日本の現状を踏まえていたと言えないところがあり、社会問題を正確に把握し、議論を展開していたか疑問がある。深刻な社会格差を解消するために社会主義を提唱したが、その眼は都市労働者に向いていた。戦前の日本は農業国家であり、農村人口が大半を占めていた。その農村では不在地主と小作人の深刻な格差が存在していた。両者の前時代的関係や不公平な法制度、そして地主の利害代弁者であり続けた帝国議会は現行体制の正当性を揺るがし、昭和のファッショ化や対外進出圧力の原因となった。農業問題は自由主義的議会政を崩壊させた重大な原因といってよい。しかし河合は膨大な著作の中で農業問題にほとんど触れていない。新渡戸稲造、矢作栄蔵（東京帝大経済学部教授、農業政策講座担当）、加藤完治（農本主義指導者）、那須皓（東京帝大農学部教授）と農業に造詣の深い人物と交流があったが、農業問題に関心が薄かった。

自由主義の担い手と期待をかけた大学生や高校生の大半は都市の中産階級以上か農村の地主層出身者であった。教養や人格の完成が人生の課題となったのは、青春期に思索をめぐらせる閑暇をもったエリート予備軍であり、多くの国民にとって無縁であった。零細漁村出身で小作問題の解決のため農商務省に入省した、作家の芹沢光治良が河合の理想主義に鼻持ちならない雰囲気を感じたのもそのためである。マルクス主義者や国家主義者が支持を集めたのは、農村の格差問題を第一に解決すべき課題として取り組んだことにある。河合の自由主義が甘いと思われていたのは社会分裂の現状分析に原因があった。コスモポリタン的都市型知識人の知的説得力は戦前において限定されていた。

〈註〉

1　河合の論敵であった土方も戦争を煽ったわけでなく、戦時の国家奉仕を優先したに過ぎなかったのではないか。彼もまた大陸戦線の拡大を危惧していた。「わたしは、正直なところ、満洲国成立以後、日本軍が北支から中支へと戦線を拡げて行くのを見てハラハラして居た。況んや仏印進駐、遂に大東亜戦争にまで踏み切ったことにも、大きな不安と絶望感をもった。」土方『事件は遠くなりにけり』二一五－二一六頁。戦時体制になって、国家的忠誠心の強い土方がソ連に親近感を抱くとされるマルクス主義者の休職を急ぐのも不合理ではなかろう。

2　蠟山政道『日本における近代政治学の発達』（新泉社、一九六八年）一七九頁。

3　裁判の概要について次の文献を参照。山下重一「河合栄治郎の法廷闘争」『イギリス理想主義の展開と河合栄治郎』二七三－二八八頁。

4　蠟山、前掲書、二七六頁。

おわりに

戦後における自由主義と教養の展開

河合の大学休職後、彼を中心に何人かの演習卒業生と自発的に研究組織がつくられ、それが母体となり、戦後、社会思想研究会に発展した。河合の自由主義の理念のもとにさまざまな者が結集した。また新制高校や大学において教養主義が復活する現象も見られた。何よりもアングロサクソン起源の憲法は、基本的人権の尊重、国際協調に加え、社会権も規定され、河合が唱えた社会主義的自由主義の精神に沿うものに見えた。それにもかかわらず、彼の唱えた自由主義は戦後の知的世界でそれほど注目されなかった。その理由はなぜであろうか。本書の最後に考察してみたい。

戦後民主主義の担い手で進歩的文化人といわれた学者は戦前の反省に立ち、憲法のもつコスモポリタン的理念を支持し、近代的主体性や近代的政治意識の確立を提唱した。〝自己実現〟や〝豊かな人間性〟の創造といった教養主義的言葉も使われていた。戦後の教養主義は、高等教育機関における戦前からの文化的連続性に加え、戦後知識人の啓蒙活動の影響もあった。彼らには西欧起源の学識という知的権威があり、封建遺制を払拭し、近代的西欧文化を吸収したいという青年の思いに対応していた。知識人は西欧発の自由を理解する市民こそ、民主社会の主権者にふさわしいと説いていた。こうした状況から河合の自由主義や教養主義が復活したように見える。丸山真男が河合栄治郎の衣鉢を継いでいるとする解釈すらあった。[1]

しかし戦後知識人は、河合や彼を継承した社会思想研究会の同人に知的共感をもっていなかった。在来の自由主義や個人主義に批判的であり、自由や人格の理解に隔たりがあった。相違をまとめると三点ある。第一にこれらの知識人が近代的人間に求めたのは個人的道徳や倫理より社会科学的認識であった。政治や社会の事象を客観的・理性的に解釈することである。自立した個人とは社会科学の対象としての抽象的・類型的存在であった。個人の内面的自発性や理性も、政治や経済における合理的判断として論じられた。第二に彼らの問題関心の始点は民主主義や近代社会にあった。その上であるべき個人を論じた。河合が個人の人格完成を目的にし、それにふさわしい制度を求めたのと逆方向であった。個人の道徳や倫理は私的領域とされた。人生の意義は公的観点から語られた。第三に戦後知識人は政治的配慮を優先させた。これは第一、第二の特徴と結びついている。河合や社会思想研究会の人々との決定的相違は、マルクス主義者や共産主義者と協調したことである。戦後の知的世界を担った世代にとって、マルクス主義は国家主義の強圧で消えていった未完の、魅力ある思想であった。戦後知識人は個人の主体性に言及する一方で、歴史の必然的進行や発展段階論の影響を受け、人間の歴史的被拘束性を認めていた。戦前の残滓とされる保守反動と対決する中で、民主社会の進歩のために人間観や社会観の相違を越えた政治的結集が優先された。自由を「状況における自由な行動主体」の問題とし、「プラグマティックな行動科学に展開しようとする」試みや「言語分析の技術」を結びつけることで「一見不倶戴天に見える対立者コミュニズムに対する寛容」に至る新たな視座が評価された。[2]

こうしたことから社会思想研究会の人々が、在来の自由・人格を固持し、反共であることが批判された。異なった思想に不寛容で硬直的な自由主義イデオロギーとさえ言われた。河合の戦闘的自由主義は「強烈でエゴセントリックなパーソナリティに支えられ」、「自己修正と状況学習能力の弱さ」をもつ硬直的体系とされた。他方で、「自己相対化の能力をもったプラグマティックな思考態度」をもち、「集団外の異質な思想、新しい思想への感受性と理解力」がある「思想的に開かれた集団のより知的で柔軟な自由主義」が推奨された。[3]

戦前には河合のように自由主義者と呼ばれる者の実体があった。戦後、それらの人々はオールド・リベラリストといわれ、過去のものにされた。そして自由主義を論じる際、個人や自由の意味を追求するよりも、柔軟性と開放性が重視された。リベラルという言葉はマルクス主義者やその同調者も含めてしまい、内容が希薄の概念となった。かえって社会思想研究会の人々は反共的姿勢や現実主義的安全保障論もあってリベラルといわれない奇妙な状況にあった。[4] 現在、欧米で盛んに議論される自由主義原理の危機が日本でほとんど理解されていない理由になっている。

教養主義は、戦後民主主義を担う市民の資質を向上させる目的で評価された。現在再び脚光を浴びている吉野源三郎（岩波書店『世界』編集長）の『君たちはどう生きるか』は、戦後知識人の唱えた（マルクス主義の影響を受けた）科学的社会観と教養が両立可能であることを示す好例である。この本で教養や人生を語る一方で、ものの見方や社会の構造、関係性が説かれている。人生いかに生くべきかの問いに答えるために社会科学的認識が切り離せないのである。丸山真男が資本論入門の好著と評したのは当を得ている。[5]戦前の教養主義文化を担った岩波文庫には『資本論』をはじめ、多くのマルクス主義文献が収められた。マルクス主義の古典学習は社会の法則を理解することであり、人格の完成を目的とする教養主義の読書と全く違った意味をもつのは先に述べたとおりである。教養が見直されながら、白樺派が過去のものとされ、個人の倫理や人生観が論じられなくなっていた。

やがて高等教育が大衆化し、知識人に対する世間の関心低下とともに教養の権威も無くなっていった。個人の内面的発展という動機をもたない教養は、文化が大衆化するとともに知的デレッタントと同一視された。欧米で古典教養の重要性が今でも唱えられ、日本でも同調する意見が出ることもあるが、非西欧の国家で西欧古典を読む知的必然性を理解させるのは難しい。教養の復権は言及されるものの、その実体がよくわからないものとなっていった。

日本において河合の唱えた自由主義や教養主義はもはや復活することはないのであろうか。近年のグローバル化の進展によって変化の兆候はなくもない。二一世紀になって、自由・人権・民主主義といったコスモポリタン的理念が世界的に共有される現象も見られるようになった。たとえば人権問題は国家の枠組とは別に国際的に共通の規範の下で裁かれるようになってきた。自由主義の概念は、西欧的文脈を離れて諸文化間の共有可能な価値として理解されるようになってきた。その概念の形成にかかわる西欧的教養も普遍の知的遺産として見直される可能性がある。

河合はコスモポリタニズムとナショナリズムの間で苦闘していたが、現在、その壁が低くなっている。彼の説いた人格の完成は、その内容の抽象性が批判されていたが、それゆえに知的枠組として諸文化間で共有される余地がある。さらに先進国における社会的格差と国民の分裂の問題は、個人の人格にもとづく新たな社会的自由主義を生み出す可能性がある。河合が危機の時代にあって人間不在のイデオロギーに立ち向かってきた知的意義は小さくなかったのである。

本書は平成三〇年度駒澤大学特別出版助成を受け刊行された。

〈註〉

1 平川祐弘「左右両翼と闘う河合栄治郎の精神と朝日新聞の差」『産経新聞』二〇一四年一〇月二日号。政治学者の武田清子の発言という。武田は教養主義者を社会問題の関心をもつかによって、文学的教養主義者とキリスト教的教養主義者に分け、河合を内村鑑三、新渡戸稲造の系譜に入れていた。矢内原忠雄、南原繁も後者に入れるなら、丸山が河合の系譜というのもわからないこともない。武田清子「河合栄治郎の自由主義論」『日本リベラリズムの稜線』（岩波書店、一九八七年）二七八－二七九頁。「日本リベラリズムにおける河合栄治郎」『教養の思想』一八一－一八九頁。武田の二分法は、唐木順三の大正教養主義批判を下敷きにしていると考えられる。社会性の欠如した教養主義に対抗する存在としてキリスト教的教養主義という概念を組み立てたのではないか。

2 松沢弘陽「民主社会主義の人びと」、思想の科学研究会編『共同研究　転向5』（平凡社、二〇一三年）四九一、五〇二頁。松沢は丸山門下の日本政治思想史研究者であり、思想の科学研究会に加わっていた。

3 前掲論文、五〇四頁。

4 丸山は一九六七年の座談会で、戦前、自由主義が左翼と連続性があったのに、戦後は（左派と提携する）革新的文化人とエスタブリッシュメントの御用化した自由主義者に分かれたと発言した。丸山真男「日本の知識人」『丸山真男集別集』（岩波書店、二〇一五年）第三巻六六－六八頁。

5 丸山真男「『君たちはどう生きるか』をめぐる回想」、吉野源三郎『君たちはどう生きるか』（岩波文庫、一九八二年）三一二頁。

人名索引（斜体は註）

純理自由主義者 河合栄治郎　改革者の使命と実践

■発行日　平成31年3月15日　初版第一刷発行
■著者　清滝仁志
■発行者　漆原亮太
■発行所　啓文社書房
〒160-0022　東京都新宿区新宿1-29-14　パレ・ドール新宿7階
電話 03-6709-8872
■発売所　啓文社
■印刷・製本　シナノ印刷

ISBN 978-4-89992-059-5　C3031　Printed in Japan